怒って神に

ヨナの怒りに触れて

上沼昌雄［著］

ヨベル新書
051

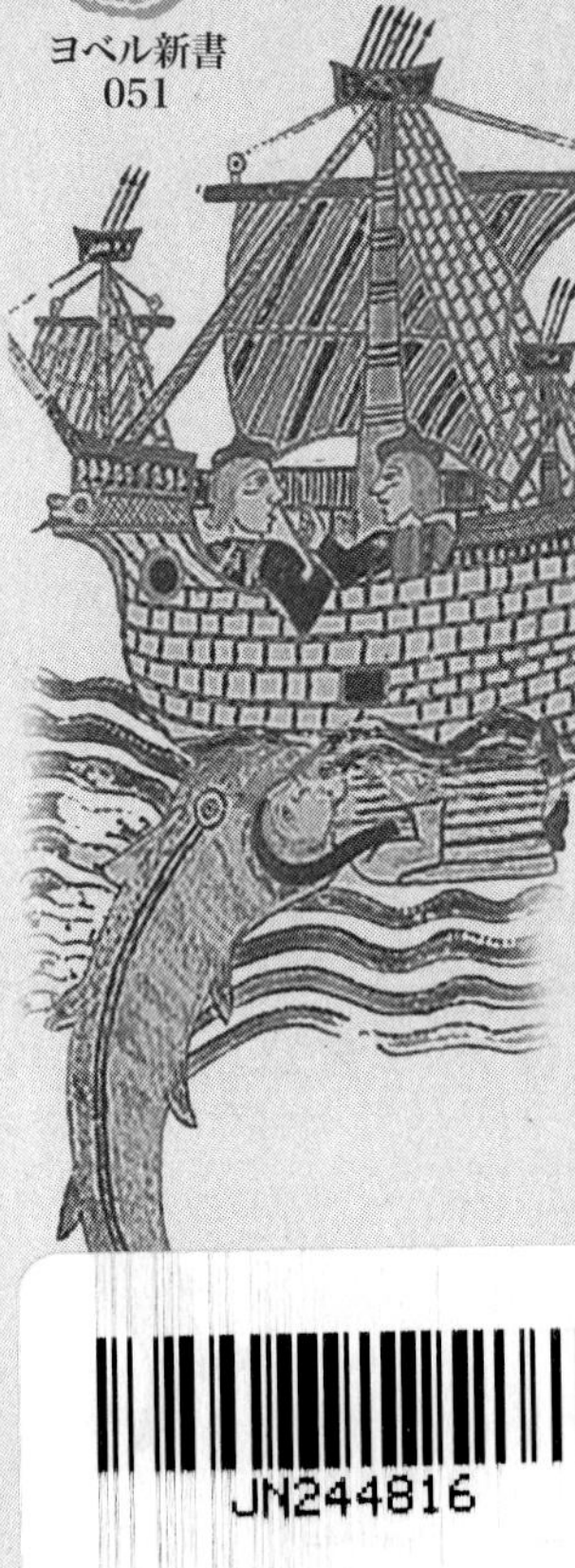

YOBEL,Inc.

怒って神に——ヨナの怒りに触れて

目次

凡例
ヨナになったつもりで文章を書いていますが、著者自身の視点で書いているところは、原稿でフォント（中ゴチック体）を変え、段を下げています。
例：70頁
ただ自分のなかにそんな記憶があることに驚く。驚くと同時に、避けることのできない自分の一部であることを、闇の中でより確認する。

闇をテーマにした牧師たちの集いで、一人の牧師が不思議に母の胎内に導かれたことを経験した。そんなこともあるのだ。「目を閉じて自分の闇に入っていった時であった。

怒って神に――ヨナの怒りに触れて

はじめに

ヨナは、ご存じのように、『ヨナ書』の終わりで、真剣に神に怒っています。しかも『ヨナ書』はヨナが怒ったままで終わっています。そんな記述に、ある日突然気づいたというより、徐々に思いが向いていきました。ヨナが怒っていることは分かっていたのですが、それはヨナの不信仰の現れ、その当然の結果と見るのが当たり前と思っていたので、ヨナの怒りを正面から取り上げることは考えられませんでした。怒ることは信仰者にはふさわしくないと、初めから決めてかかっていました。それが少しずつ、さて待てよ、そうだろうか。もしかしたら、違った意味がそこにあるのではないだろうか。異なった読み方ができるのではないだろうか。そんな問いを立てることができるのではないだろうか、と思うようになりました。

神はヨナの怒りをしっかりと受け止めています。よく読み返してみると、叱責をしているよりも、何となくヨナが怒るのを分かっていて、その上でじっくりと受け止めているように思えます。何よりも、ヨナを何とか慰めようともしています。それでもヨナの怒りは収まらないで、しかも収まらないままで、『ヨナ書』が終わっています。何だろう、これは、という問いがでてきたのです。

何といっても、ヨナが神に向かって怒ったのは事実です。それが聖書なのです。それは、ヨナの不信仰の結果で、ヨナのようにならないようにととるのがよいのか、あるいは、ヨナのように神の宣教に組み込まれ振り回された結果で、信仰者も同様にどこかで神に怒ることがあるのだと理解するのがよいのか、『ヨナ書』がここにいたって断然興味深いものになってきました。

男性だけの集会を繰り返し行っています。信頼感が生まれてきて、男性の本音を聴くことが多くなってきました。父親へのわだかまり、不信、そして怒りが心の深くに潜んでいます。とても深く潜んでいて言葉には出て来ないのですが、怒りをため込んでいることを、言葉の端々で感じます。もちろん父親への怒りでなくても、人生で思い通りに行かなくて、悔いと同時に怒りを潜めています。自分への怒り、人生への怒りと言えます。

信仰者である私たちは、そんな怒りがありながら、あたかもないかのように、あるいは解決済みであるかのように振る舞っているだけのように思えてきました。怒りを何とか抑えながら神のわざを継続しているのです。怒りを出すことは信仰的でないという雰囲気がしっかりと出来上がっているからです。だからヨナのように怒りを神にぶつけることは考えられない。それは当然、ヨナの不信仰の現れとなるのです。

でもヨナのように怒りを直接に神にぶつけたらどのようになるのだろうか。そんな問い自体に躊躇しながらも、そのように『ヨナ書』を見たらどうなるのだろうか、という問い直しが始まったのです。理由や原因はともかく、うちに抱えている怒りをそのまま神にぶつけることになったら、どのようなことが起こるのだろうか。どのような怒りでも神に持ってきてよいのではないのだろうか。もしかしたら神は待っておられるのではないだろうか。密かにそのような思いが増してきました。

そのようにヨナのことを思い巡らしていると、確かに神は、初めからヨナが怒るのを分かっていたと思えてきました。それだけの使命を神はヨナに託したのではないか。神にとっては必然の、しかしヨナにとっては想定外の使命であったと言えます。だから怒るのは当然ではないか。神はそれが分かっていて、ヨナが怒りだしたとき、じっくりと受け止めたのではないか。そうだとしたら、それは自分たちにも当てはまるのではないか。罪深い、不義の世界で生きている私たちが、思い通りに行かないで人生に怒りを積み重ねることになっても、それも神は初めから知っておられるのではないか。ヨナと自分とは簡単には結びつかなくとも、そのように考えてみたらどうなるだろうか。

『ヨナ書』は四章だけの短い記述でありながら、その出来事の時間と空間は結構な広がりを持っています。ヨナになったつもりで、この物語についていったらどうなるだろうか、そんな冒険心が出てきました。とんでもない旅をし、思い切って宣教し、その結果、神に怒りをぶつけ、神が慰めてくれるようでありながら、なお収まりきれない心を、ヨナになったつもりで追ってみたらどうなるだろうか。それなりの想像力が必要ですが、好奇心が出てきました。

『ヨナ書』は短い書物ですが、結構多くの場面で用いられています。教会学校の登場人物の代表格です。多くの場合に、ヨナの不信仰に習うなという教訓的なものです。どんなに厳密に釈義が施されても、すでにこの「初めにヨナの不信仰ありき」が前提になって、それに合わせるように理解されています。テキストを釈義によって正確に読んでいるようでも、出来上がった枠からは出られないのです。その上、ヨナの不信仰を正すことが『ヨナ書』の正しい理解だとまで宣言されると、それ以外のアプローチを考えることに恐れを感じてしまいます。

それでもヨナの怒りに少しでも触れることが出来ればと思うようになって、『ヨナ書』が単に私たちの不信仰を正すためのテキストだけではないだろうと、密かに叫んでみたくなりました。そのようなアプローチに誰よりもヨナ自身が怒っているように思えてきたのです。ともかくいろいろな面倒なことを脇に置いて、ヨナの怒りに寄り添ってみたくなりました。距離を置いてヨナを見ていてもらちが明かないので、ただただヨナになったつもりで読んでみようと思ったのです。


それでも当然、ヨナが生きた時代と空間を埋めることはできません。たとえば、ヨナが魚から吐き出されて、ニネベに旅をします。その旅のことは何も記されていません。書く必要もなかったと言えます。それでもヨナがどんな思いで旅をしたのか、想像したくなりました。その前に大きな魚の腹の中で過ごしたことをどのように思いながら旅をしたのか、知るよしもないので、想像する以外にないのです。今はどこでもペットボトルを売っています。コンビニもどこにでもあります。そんなものの全くない荒野での旅をどのようにしたのか、そこでヨナは何を考えたのか、ただ想像したくなったのです。

現実に書く作業は、その旅のことから始まりました。そこからニネベでの宣教を終え、ヨナの怒りに入り、神の前でのヨナの姿を想像してみました。そして振り返るように、魚の腹の中でのヨナの心を想像し、最後に『ヨナ書』の始まりに戻って行きました。この書としては「ヨナ書」の順序を追うようになっていますが、現実のこちらのヨナとの旅はそのような流れとなりました。そのように書く作業は、ヨナの怒りに触れ、ヨナの怒りに届くためのささやかな自分の旅でもありました。それは、神の前での自分の怒りに届くための旅でもありました。

1　預言者ヨナは（一：一〜二）

1 アミタイの子ヨナに、次のような主のことばがあった。
2「立ってあの大きな都ニネベに行き、これに向かって叫べ。彼らの悪がわたしの前に上って来たからだ。」

自分が聖書の登場人物となるとは全く思っていなかった。場合によっては聖書記者そのものとまで思われるとは想像もしていなかった。どちらにしても、その他大勢で、その場に花を咲かせているのではなく、あの聖書の一巻の主人公として自分が登場しているのだ。考えもしなかった。結構短い書であるが自分の関わったこと、特に主との関わりが隠すことなく記されている。もう逃れることができない。記されていることがどのように理解されるのかは、自分の手のうちにはない。読む人の側のことだ。

何と言っても、聖書の登場人物になるということは名誉なことだ。ただ自分がそんなものに値しないことがよく分かっている。自分のうちを見たら、恥ずかしいだけでなく、恐ろしく逃げ出したいほどだ。確かに聖書は失敗談も隠さないで記している。人の本性も隠さないで書いている。どうにもならない人間の自己中心性と罪性をそのまま記している。それが聖書だと言えるが、その中の一人として自分が描かれることには恐れがともなう。人がどのようにとるのかは分からないからだ。

自分のことは唄にまで歌われ、教会学校の格好の教材になっている。あんなヨナさんの真似をしないようにと真剣に教えられている。通説となっている。自分のとった態度がどうもそのように思われてしまう。神にそむき、文句を言っているような、そんな態度がどうも教会では好まれないようだ。何事も信仰深く、忠実であることを建前としている人たちのなかでは好ましくないのだ。そのように書いてあると主張されたら、今更何も言えない。変えることもできない。


それでも少し言わせてもらいたい。忘れないでください。自分もそこに属しているユダヤ人の大切な祭りである贖罪の祭り、ヨム・キプールではその最後に私のことを記したこの書物が読まれているのです。神の民を通して異邦の民への恵みを届けていく神の深いご計画のしるしとして、それを民たちが忘れないように、読まれるのです。読まれるにふさわしいほどに短くて、その内容は明確なのです。活動範囲も広く、出来事も大きいのですが、余分なことを抜きに簡潔に記されています。

また何と言っても、後に救い主として登場したあのイエスが、不思議に何度も私のことを引き合いに出しています。嵐にもまれて難破しそうな舟のなかで寝ている姿も共通しています。三日三晩死んだように閉じ込められたことを、ご自分にも起こるような言い方をしています。ともかく「ヨナのしるし」と呼んで、あたかもご自分のあり方を重ね合わせているようです。想像もしなかったことです。自分はともかく神に呼び出されて自分の納得する行動を取っただけです。その意味では後ろめたさはないが、それがイエスの心に何かを訴えることになるとは思ってもいませんでした。

それでも自分のことを題材にして本を書いている人がいる。格好な材料になるのだろう。子どもたちに有名な『ピノキオの冒険』もそうだ。最後に大きな魚の腹の中でピノキオはお父さんに再会するのだ。書いた人も神学校で学んでことがあるから私の物語をよく知っていたのだろう。自分も確かに小さいときにはピノキオのようにいたずらっ子だった。信仰者の家庭に育てられたと言っても、子どもは子どもなのだ。
日本で丸谷才一という小説家がその処女作『主の御顔を避けて』として、私のことを題材に小説を書いている。本人は習作のように見ているが、それにしてもよく読んで書いている。靴職人として描いてくれているのも当たらずとも遠からずだ。何で自分のことを題材にされたのかご本人に伺いたいところだ。

それにしても、自分のことをどのように語ったらよいのだろうか。実際には書かれているそのままで、それに付け加えることも削ることもない。イスラエルの民が贖罪の祭りでそのまま読むとおりである。それでも書かれ、記されているところの行間というか、その背後というか、そこに漂っている自分の思いを少しだけ言わせていただきたい。自分のとった行動を弁明するつもりはない。ただその真意を知っていただければうれしい。自分のなかでは、あのイエスが知っていてくれていると思えるからだ。

書かれていることは神のことばである。安易な気持ちで取り扱うことができない。神の民はそれをそのまま朗読することで敬意を表している。そこに人の手だてを加えることを避けている。ただ文字として記されているので、それを解読して意味を捉えることはできる。文明の発達と共に文字の解読の手だても進んでいる。時にはそれで意味を全面的に捉えることができると信じている。信仰に近いものになっている。ただそのように解読をされる度に、そんなつもりではなかったのにと叫びたくなる。礼拝説教や教会学校で言われているような、こちらの思いとは関係ない紋切り型の理解には、勘弁してくれよと言いたくなる。何と言っても、初めに不信仰ありき、それだけは御免蒙りたい。

つまりどんなに聖書的であると思っても、完全に中立で、何のこだわりも偏見もなしに聖書を読めるわけでない。それでも「初めに不信仰ありき」という前提を時には吟味していただきたい。その前提が強いために見誤ったり、読み誤ったりすることもあるからだ。少なくとも自分がしたこと、自分がとった態度に、「初めに不信仰ありき」を捨てて接していただければ幸いだ。

自分は「預言者ヨナ」と言われている。ガデ・ヘフェルの出の預言者アミタイの子ヨナと聖書の別のところで紹介されている（2列王記14：25）。少なくとも架空の人物でない。預言者として召されていることは分かっている。といっても預言者は祭司のような定まった職ではない。いつ神に呼ばれるか分からないので、備えをしながら待っているのである。必要なときにどんな条件でも神のことばを聞いて伝えていく。仕事と言うより、そのような身分と言える。そのために自分の仕事をしながら備えている。

祭司職には定められた職務規程があり、それにふさわしい装束が与えられていて誰もがその地位を認めるが、預言者はむしろ民と同じように生活していて、そのまま神に呼び出されて務めを果たすだけである。隠れた裏方の務めと言える。また祭司職は家系として受け継がれるが、預言者は神からの直接の召しによる。といっても全く個人的に導き出され活動するケースもあるが、自分の時にはそのように導き出されたものたちのグループ、預言者の学校というものもあった。そこで今までの預言者の事例を学ぶことになる。それで、祭司エリとその子どもたちと、預言者サムエルの関わりとその辺の事情も学んで知っている。

エリヤやエリシャのような立派な預言者のことも学んだ。それにアブラハムとモーセもその果たした役割や立場から預言者と呼ばれていることも知っている。その人たちから比べたら、自分は預言者のともがらの一人にしかすぎず、ただ民のために、王のために、必要の時に呼ばれて自分の使命を果たせばよいと思っていた。別に比較をするわけではないが、祭司のように立派な衣装を身に着けているわけでなく、毛衣を着て、腰に革帯を締めた状態で、外見は普通の人である。いつ呼び出されて、どこに遣わされるかも分からない。それに対応できる生活をしている。野にあるものを食べてでも生き延びなければならない。いなごや蜜は結構なご馳走なのだ。

当然それだけの体力を備えていなければならない。身体的にも精神的にも強健でないと勤まらない。実際に野原を飛び回ったり、あちこちで歩き回ったりして育ったのでそれなりの自信がある。というより、そんな健康を与えてくれたことに神に感謝している。それよりもいつ呼び出されるか分からないので、心の準備というか、どのような状態でも神の声を聞いて対応できるようにしておくことのほうが大変だ。また、神の声を民に語っても、そのまま受け入れられるとは限らない。実際には聞きたくないことを語らなければならない。その意味ではいやな務めだ。

といってもこの使命に召されたことを誇りに思っている。神の民が生き、さらに生き延びていくために、時には直接的な神の導き、神の声が必要なのだ。王も祭司も、どうしても私欲に刈られて道から逸れてしまうことがある。指導者にはどうしても権力が集中して、思いのままにことを動かせる立場になってしまうからだ。取り巻き連ばかり増えて、注意する人がいなくなる。民の心から離れ、時代遅れになっても気づかない。神がそのような状態に介入するときに自分たちのような預言者を用いる。だからと言って指導者たちが自分たちに耳を傾けるとは限らない。ということを分かっていてこの務めに備えていなければならない。それだけ緊張をともなう。それなりの覚悟が必要だ。その辺の緊張感は預言者特有のものだ。

それでも同じ預言者のともがらがいて、仲間同士で語り合えるのは慰めであり、力だ。預言者の学校といっても、明確なカリキュラムがあり、時間割が決まっているわけでない。それぞれ生活のために仕事をしながら、折りを見て集まって、先達の預言者の話を聞いたり、祭司から話を聞いたりする。テキストがあるわけでなく、受け継がれてきたものを振り返る。そこで出てくる話の意味を考え、多くの場合には師も含めてみんなで意見を交わすことになる。他の人の意見を批判することもなく、よく耳を傾け、どのようにしてそのような考えに至ったのか聞き分けるようにする。模範解答のようなものはない。モーセを通して与えられた律法と、その後の神の民たちの歩みの歴史が規範である。

現実に書かれたものがあっても、いつでも手にできる状態ではないのだ。それで受け継がれてきたものをそのまま暗唱する。先祖たちからの記憶を心にしっかりと刻んでいく。それは預言者の学校でなくても、家族のなかで受け継がれてきたことだ。むしろ家族のなかでしっかりと受け継がれてきたものを、仲間同士でその意味合いを語り合うというのが実態に近い。書かれたものが手元になくても、受け継がれてきた記憶がある。預言者のともがらはみな自分の家族で受け継いできた記憶を持っている。それを共有しながら理解を深めていく。自分たちは記憶の民なのだ。

そのように受け継がれてきた記憶の意味合いを、真剣に討論し、また先達の解釈を聞きながら深めていくのは何とも楽しいことだ。どんなにすばらしい意見や解釈を聞いても、その元になる記憶がないと、単なる知識で終わってしまう。付け焼き刃のようで、生きてこない。神学校でどんなすばらしい神学的な議論をし、その解明を聞いても、そんなこともあったのか、そんな意見もあるのかということで終わって、生きてこない。

アブラハムの故郷を出た旅立ちを、４００年の奴隷の状態からのエジプト脱出を、モーセのシナイ山で神から十戒をいただいたことを、自分たちの先祖から確かな記憶として受け継いでいる民は、その記憶を事実として再現できる力を持っている。記憶が再生装置として働き、先達たちに起こったことが自分たちのうちにも起こると信じているからだ。故郷を捨てた民として、出エジプトの民として、律法をいただいた民として、地上に民が生存している限り、自分たちの生き方として続いていくと信じている。

そのように自分たちの信仰には、事実として、記憶として、記録として、心の中に一本の強力な筋が通っている。世代を超えて民はみなその筋を受け継いでいる。それを頼っていけばいつでも原点に返ることができる筋である。その原点の原点が神なのだ。アブラハムを故郷から出されたのも、奴隷の状態の民をエジプトから出されたのも、あの律法を与えたのも神である。存在の原点である。どのようなことがあっても一つに結びつける原点なのだ。信仰以上のものと言える。

しかし時には、その結びつきが強すぎると言われる。民族的な一体感が強すぎるということだ。ただ現実的には故郷を持たない民として、そのような原点がなければ自分たちは霧散してしまう。400年エジプトで奴隷の状態でアイデンティティーを保つことができたのもこの原点なのだ。後に寄留の民、離散の民として世界中に散っても、今なおその一致を保つことができる原点である。単に地域とか、国家とか、そこに属する民族という既存の分類に頼ることはできない。逆にどこにあってもその起源とアイデンティティーを明確にすることができる。それだけ選民意識が目立ってしまうのも事実だ。

そんなことを気にかけつつも、仲間と一緒に戯れ、歌いダンスをし、食べたいものを思い切って食べ、将来を分かち合いながら、同じ使命をいただいていることを確認してきた。自分はエリヤのような預言者になりたいとか、いやエリシャが格好いいとか、モーセのような預言者になるにはどうしたらよいのかとか、アブラハムも預言者といわれているのでそれがいいとか、夢をふくらませながら語り合ってきた。もちろん性格の違いがあってしっくりといかない友もいた。それでも自分たちに与えられた使命はしっかりしていた。意見の違いがありながらも、譲り合いながら楽しく過ごした。どんなことがあっても民のために自分を犠牲にする覚悟はできている。

しかし、自分に神のことばがかかったときには驚いた。当然そのための備えをしてきたが、想定外だった。どのようなことで、神のことばがかかるのかは分からないのは確かだ。万全の準備をして上からの司令を待っている兵士のような心境だ。ともかく仲間たちもそれぞれ緊張した面持ちで待っている。神の民の、あるいは指導者や王たちのどのようなことに対して神のことばが届いてくるかは想像ができない。想像しても、その通りにはならないことが多い。

実際に神のことばがかかったとき、どのように受け止めたらよいのか全く分からなかった。考えもしなかった。あの大きな都ニネベのことはうわさで知っていた。大きな河のそばにあって農耕にも産業にも栄えて力のある町である。その名はあのノアの息子のひとりであるハムの子孫の権力者ニムロデが建てた町のひとつとして創世記で記されている（10：12）。今はアッシリアという帝国の首都になっている。その帝国はどんどん勢力を伸ばしていて、いつ自分たちを攻めてくるのかみな心配をしている。その帝国の首都であるニネベに行くようにというのは、どのように理解したらよいのか。

彼らの悪が神に迫っているというのは、彼らが自分たちを攻めてくることを神が知っているからなのであろうか。そんなに緊迫しているのか。そのためであれば、自分たちの国をもっと強固にするために遣わされるべきではないか。アッシリアの侵攻を指導者に伝えるのが自分の務めではないだろうか。何より安泰をむさぼっている状態を戒めるべきではないか。自分たちの国をどうにかしないと敵には立ち向かうことはできない。そのための神のことばを伝えるのが使命ではないか。

ニネベの町が悪に満ちてきているのであれば、そのまま滅んでくれたらこちらは助かる。何もあえて出ていく必要もないだろう。出かけていってニネベの町が滅びることを告げることが、どのような意味があるのだ。万が一、彼らがメッセージを聞いて悔い改めて立ち返ることになってアッシリアが復興することになったらば、自分たちへの脅威はさらに増すことになる。そんなことは当然できない。そのまま彼らが滅びるのが一番よいのだ。自分たちにとって最善である。そう思えて仕方がない。そうなので、このままニネベが滅びるのを待てばよいのだ。そのためには神のことばがなかったこととして、自分がいなくなればよいのだ。

神のことばを聞いたのは自分だけだ。自分がいなくなれば何もなかったことになる。仲間たちは不思議がるであろうが、それでも、前から放浪癖があってあちこちに出かけていたので、また始まったかと思って気にしないだろう。その放浪癖のおかげで、どこへ行ったらよいのか問題なしに分かる。タルシシュという海の向こうにある商業都市だ。そこにまで行けば、自分の国のことからも、ましてはニネベの町のことからも解放されるであろう。そこは、よそ者が絶えず出入りしている町だ。パスポートもいらない。誰も気にしない。それが一番よい。今はそれしか考えられない。

タルシシュに行くには、初めに陸続きの港町ヤッファ（ヨッパ）に行って、そこから船に乗ることだ。ヤッファへは行ったことがあるので問題ない。野宿をしながらでも辿り着くことはできる。家族にも仲間にも言わないで、すぐに出かけることだ。船賃のために多少のお金を持っていく必要がある。あとはどうにでもなる。すぐに行動に移すことだ。ぐずぐずしていてはいけない。神のことばはストレートであり、絶対に変えることも、変わることもない。申し立てもできない。一度神が言われたら、決して引き下げることはない。真っ暗な夜空の稲光のように直裁的で決定的なのだ。

自分にできることは、決めたことを実行することだ。稲妻のようには行かなくても、できるだけ早く行動することだ。神のことばを聞いたのは自分だけだ。だからあとは自分の行動に責任を取ればよい。誰からも責められない。家族にも言わないことだ。残念であるが仲間には何も言えない。言ったらばいろいろと意見を言われて迷うだけだ。今更弁明をするのも面倒だ。決断が明確なうちに行動に移ることだ。

一度故郷を捨てたらば二度と戻ってこられないだろう。寂しいように思うが、故郷を捨てるのは今更始まったことではない。先祖が繰り返し経験してきたことだ。自分たちの生き方の根本みたいなものだ。旅人といえば聞こえがいいが、実際には流浪の民であり、離散の民である。安心して羽を伸ばすことのできる港を持っているわけでない。どこも仮の宿である。どのようになるのか分からないという意味では流浪であるが、自分で決断したので離散ではない。自主的に故郷を捨てるのだ。自分が消えてしまったことを家族も仲間も不思議に思うであろう。しかし、何時か戻ってくるだろうと高をくっていることだろう。

知っているのは神だけだ。だから自分の決断に対しては神にだけ責任を取ればよい。神がどのように自分を罰せようが、それは引き受ければよいのだ。どうしても納得がいかないので、この決断をするのだ。それ以外になにもない。その意味では自分に対して責任を取るだけだ。出ていったところでのたれ死にするかも知れない。知らない町で密かに一生を終わるかも知れない。どのようになろうとも自分だけが責任を取ればよいのだ。納得のいかないことはどんなことがあっても納得いかないのだ。

2　主の御顔を避けてヨナは（一：三〜一〇）

3 しかし、ヨナは立って、主の御顔を避けてタルシシュへ逃れようとした。彼はヤッファに下り、タルシシュ行きの船を見つけると、船賃を払ってそれに乗り込み、主の御顔を避けて、人々と一緒にタルシシュへ行こうとした。

船賃を払ってヤッファ（ヨッパ）からタルシシュに向かう船に乗ることができた。生まれ故郷からも、行けと言われたニネベからも、これで離れることができる。陸続きにいる限り、たとえそれが心理的なことであっても、神から逃れることはできない。海に乗り出してしまえば、神の手の届く範囲から逃れることができるだろう。タルシシュは自分の知っている一番遠いところだ。そこまでは神は追ってこないだろう。あるいは、追ってくるかも知れない。

それでもそこまで行ってしまったら、今更ニネベに行けとは言わないだろう。あまりに遠すぎる。神の民の関わりからも遠く離れていて、これで逃れることができるだろう。

自分がしていることが、神から逃れるためであることは分かっている。そのためにタルシシュに行こうとしているのだ。自分の行為を神への不忠実と取られても仕方がない。たとえそのように取られても、自分の信念に忠実に従っているのだ。自分だけでなく、神の民としてのあり方に忠実に従っているのだ。そのためにすべてを捨てたのだ。神の前で自分に正直になっているのだ。その結果がどのようになろうと、それは受けるつもりだ。その覚悟はできている。

その意味で自分は神から離れたのだ。それは事実である。その神である「主から」というのが、「主の御顔を避けて」“from the presence of the Lord”と訳されているケースと、単に「主から」“from the Lord”と訳されている場合がある。ここで記されている自分たちの言語の表現からはどちらも可能である。それで「主の御顔を避けて」とあえて訳さなくても、単に「主から」と訳すことも可能なのだ。「から」と言われる言い方に、確かに「顔」という言語が入っているが、それは表現方法で、単純に「から」と言うことで十分に通じる。

自分の行為を弁明するわけでないが、単純に神への不信仰のゆえだと思って欲しくない。

ただどうしても納得がいかないのだ。「主の御顔」と言うことがあまりに強調されて、それを避けた自分の行為が単純に不信仰のように思われてしまうからだ。それで「初めに不信仰ありき」という前提で、自分の関わるすべてが捉えられてしまう。しかしそれだけでは、もっと大きな視点を見逃してしまうのではないか。もしかしたらニネベに行けというのは、自分にも分からない何か大きな神の計画があるのかも知れない。ただ不信仰を正すために自分のことが書かれているようにはどうしても思えないのだ。そのためであったらあえてニネベのことまで出す必要もないだろう。

まして、不信仰なヨナ、そのヨナの不信仰に対する神の永遠の愛とその深さ、それを今の自分自身に重ねて読むことが『ヨナ書』に対する最も聖書的な理解であり、唯一の方法であるとまで言われると、引き裂かれるような気がする。自分の行動が、読む側の強力な意図で、ズタズタにされたような気がする。そこまで言わなくてもいいだろうと思う。それはただ、他の理解を排除していく暴力的な言い方である。自分たちの理解だけが正しく、それ以外は排除し、場合によっては異端のようにみる。限りなく危険思想に近づいている。

でもこのようなことは今に始まったわけでなく、教会が形成されてから、今に至るまで正統主義、聖書信仰、信仰の聖さという名目で主張されてきた。そうでないものを取り除くことが信仰の純粋さを守るための名目となってきた。結果的に、自分のことが記されている書物から自分が排除されているような感じだ。それでも自分の行動には責任を取るつもりだ。ただ人がそれをどのように理解するのかには手が出せない。お手上げと同時に、勘弁してくれよと叫びたくなる。

4 ところが、主が大風を海に吹きつけられたので、激しい暴風が海に起こった。それで船は難破しそうになった。
5 水夫たちは恐れて、それぞれ自分の神に向かって叫んだ。そして、船を軽くしようと船の積荷を海に投げ捨てた。一方、ヨナは船底に下りていて、横になってぐっすり寝入っていた。
6 すると船長が近づいて来て、彼に言った。「いったいどうしたのか。眠りこけているとは。起きて、あなたの神に願いなさい。もしかすると、その神が私たちに心を留め、私たちは滅びないですむかもしれない。」

神から逃れても、簡単には神は放って置いてくれない。案の定、海に出てまもなく、待っていましたとばかりにこの暴風だ。今まで経験したこともののない嵐に遭遇したのだ。水夫たちが恐れるほどである。彼らは船のことは隅々にまで精通している。どれだけ持ちこたえられるかも知っている。その限界をはるかに超えている。このままでは難破してしまう。

水夫たちがそれぞれの神に助けを求めている声が聞こえる。しかも折角積み込んだ積荷を海に投げ出した。何とか船を軽くして助かる見込みに望みをつないでいる。もちろん保険のような仕組みはないから、丸ごと自分たちでその弁償をしなければならない。そんな計算より、今は船を軽くして何とか助かることが大切だ。それでも助かるかどうかは分からない。自分が仕向けたのかと多少自責の念に駆られる。

アブラハム、イサク、ヤコブの神は、天地を造られた神でもある。その神は何かを起こすときにご自分の造られた天と地を用いる。あのノアの洪水はまさにその例だ。悪が地に満ちてきたことをご覧になった神は、地に雨を降らせることでご自分の思いを表現された。直接に手を下すことを避けて、自然界を用いてご自分の意志を表すのだ。また神の民がエジプトを出たときには、あの紅海を分けて救いを具体的に経験させた。壁のように別れた海の間を通過させて、その記憶をしっかりと植え付けている。唸るような海の壁を忘れないで、後世に伝えるためである。

その昔あのヨブという人が大変な苦しみにあった話を聞いている。いろいろなことがあってもその最後に、神がヨブに嵐のなかから答えている。それは多分砂嵐であろう。海の嵐とは違ってまた大変だ。その神が、地の基を据えたときにあなたはどこにいたのかと、全く人を突き放したように言っている。ただそのように自然を用いてヨブに答えているのも、今は分かるような気がする。苦しみに答えると言うより、思いを自然界に向けさせ、その創造者に向けさせようとしているようだ。創造者に何か文句があるのかと言っているようだ。

さらに、海の源にまで行ったことがあるか、深い淵の奥底を歩いたことがあるのかと、覆い被せるように神は問いかける。そもそも海の底で何が起こっているのか。その淵のさらに奥底とは一体何か。見たことのある人がいるのか。そこを歩いた人がいるのか。何とも不思議なヨブへの返答である。あたかもこの海で難破しそうな嵐に遭っている自分を神があざ笑っているかのようだ。この嵐を起こしているのは神であると。どんなに逃げようと思っても逃げおおせないと。

自然界を通しての神の威力の提示、まさにどのように受け止めたらよいのか。ノアの洪水ではすべての人が飲み込まれたし、紅海が割れたことでは神の民は救われたし、ヨブへの答えではただ突き放されたようである。どちらにしても、目の前に荒れ狂っている海を見て、また水夫たちが必死で船を救おうとしているのを見て、それが自分のことに関わっているのだと分かる。分かるけれども自分も覚悟をして出てきたので、成り行きを見守るしかない。

とやかくいう資格もない。今はこの場を離れて、あてがわれた寝床に潜り込むことだけだ。

無責任だと思われるかも知れないが、少なくとも自分の行為には責任を取るつもりだ。考えていることと感じていることを大切にしてきたので、そんな態度が自己中心だと言われてきた。そんなつもりはないが、時にはどうしても曲げることができないことがある。偏屈だと思われたこともある。でもそんな自分に神がことばをかけてきたのだ。そんな自分だから神が目をかけてくれたのかも知れない。ただニネベに行けとは正直驚いた。驚いたという以上に信じられない。それで決断をしたのだ。今は信念に従って動く以外にない。

そんなことを自分に言い聞かせていたら、いつの間にか深い眠りに入っていた。難破しそうな船でぐっすり寝込んでしまった自分がどのように思われるのか、全く考えもしなかった。正直疲れてもいた。ただそんな姿が、ずっと後に救い主であるイエスがあの湖で同じように嵐のなかで舟のともでぐっすり寝ていたこと（マタイ8：23～27、マルコ4：36～41、ルカ8：22～25）に結びつくとは想像もしなかった。弟子たちはおぼれそうになって慌てふためいた。イエスのそんな姿を、決して忘れることはできないであろう。今誰かが船底でぐっすり寝ている自分を見たら同じように信じられないであろう。

気がついたら船長に起こされていた。誰かが船長に、船底で寝ている者がいると伝えたのであろう。さすが船長、落ち着いている。それでもこの嵐で寝ている者がいたことに驚いたであろう。船長の責任は何とか船を救うことだ。長い船乗りの経験で、出航前に空を見たら天候の予想はだいたいつく。今回はこんな嵐が来るとは想像もしなかった。このままでは難破しかねない。この男を起こして、この男の神に嵐を静めてくれるようにお願いする以外にない。この男の神が聞いてくれるかも知れない。それだけが望みだ。

自分の神に祈るように言われて驚いた。船長も自分たちの神に祈ったであろう。それでも嵐は静まらない。あとはどのような助けでもあればと思って自分を起こしたのであろう。叱られているようでもない。ただ自分のことを知っているのだ。自分の神が頼みを聞いてくれるかも知れないと思ったのであろう。そのように考えると、自分の神がこの嵐を起こしているのだと思わないわけにもいかない。しかも自分のことのゆえだと考えざるを得ない。船長もそのように思っているかも知れないが、あからさまには言わない。分かってきたことは、自分はもう逃げられないことだ。そしてもう一つ分かってきたことは、船長もすでに自分の神に取り込まれていることだ。

7 人々は互いに言った。「さあ、だれのせいで、このわざわいが私たちに降りかかったのか、くじによってを知ろう。」彼らがくじを引くと、そのくじはヨナに当たった。

8 そこで彼らはヨナに言った。「話してくれ。だれのせいで、このわざわいが私たちに降りかかったのか。あなたの仕事は何か。どこから来たのか。国はどこか。どの民の者か。」
9 ヨナは彼らに言った。「私はヘブル人です。私は、海と陸を造られた天の神、主を恐れる者です。」
10 人々は非常に恐れて、彼に「何ということをしたのか」と言った。人々は、ヨナが彼らに告げたことによって、彼が主の御顔を避けて逃れようとしていることを知ったからである。

船長とのやりとりを見ていたのであろう。水夫たちが、この災いが誰のせいで降りかかっているのかを知ろうとくじを引き出した。どのような仕掛けのくじなのかは分からない。それでも、自分の民たちも必要なときにはよくくじを使ってきたので、別に驚かない。それが自分に当たったことも、今は驚かない。何となくそうなるだろうと思った。水夫たちも当然のように思っている。ただこの男は一応客人なので、公平を期したかったのだ。くじで当たれば、そのように接することができるからだ。

そして大変丁寧に取り扱ってくれている。誰のせいでこの災いが降りかかっているのかを知りたいのだという。責めるのではない。今さら責めてもどうにもならないことを知っている。どのような仕事しているのか、どのような立場なのか、どこの出身で、どこの国のどの民なのかと聞いてくる。普段はそのようなことは聞いてこない。船に乗るときから分かっていただろうが、この災いがどこから来ているのかを知りたくて、あえて聞いてきたのだ。

どこまで正直に話していいのか一瞬惑う。ただ言えることは正直に話そう。ヘブル人という民族に属していること、そしてこの海と陸を造られた天の神、主を礼拝していることをそのまま語る。しかし、自分の仕事とどこから来たのかは言わないでいた。それ以上は聞いてこなかったし、それで充分であったのだろう。ただヘブル人と言うことで何を意味しているのかは分かったのであろう。こちらもその意味は分かっている。時には身を危険にさらすことにもなる。ただこの状況では身分を明かしたのはよかったのであろう。

ただヘブル人、ユダヤ人ということで、難しい状況に置かれたり、身の危険にさらされることになる。アブラハム以来今に至るまで経験していることだ。故郷を持たない流浪の民であり、国を持つことの難しい離散の民なのだ。どれだけ肩身の狭い思いをし、どれだけ生存のために気を遣わなければならないか、そんな難しさを抱えている民であることを、この船のなかでも経験させせられる。また天地の造り主であり、律法を与えられた神を礼拝していることが、自分たちには当然でも、他の人たちには脅威に感じられるのであろう。自分たちの信仰が、多くの場合に他国人、他国民の恨みを買うことになるのだ。

「初めに不信仰ありき」を前提に読み込んでしまう西洋のキリスト教会には、自分の発言が窮地に追いやられたためと見るかも知れない。あるいは、自分の身分を明かすことで、窮地を抜け出そうとしていると思うかも知れない。どう思われても構わない。ただ少なくとも同胞の民は、自分の発言を分かってくれると思う。多くの場合は身分を隠して、信仰と生活を守り実行していくことが自分たちの生き方になっている。それでも時には世間の注目の的になって、身分や信仰を公にしなければならないことがある。どちらにしても難しい立場であることは変わらないのだ。

自分たちはキリスト教徒によって敵視されてきたときがある。異端審問所が造られ、火炙りまでされた。またこの地上から自分たちを消し去ることが使命だと思われ、ホロコーストがなされた。そんな歴史に対して、キリスト教会が今は同情的で支援の手を差し伸べてくれている。それでも自分のとった行為が神への不信仰の現れととる姿勢は変わっていない。身分を明かすことがどのような難しさをともなうものなのかは分かっていない。ヘブル人であると告白し、天地を造られた神を礼拝することが、身の危険にさらすことになることを自分たちは経験的に知っている。消すことのできない記憶として民のなかにしっかりと刻まれているのだ。

ただ負の記憶は、多くの場合にそのまま覆われ隠されて、記されることも少ない。場合にはなかったかのように抹殺される。それでも記憶は、そんな間を縫うように人びとの心の中に残照のように留められ、やがて深い闇の記憶として無言のうちに伝えられていく。それでも時には陽の下に公にされることもある。取りも直さず聖書には隠すことなく記録されている。自分たちが不忠実であったことも、イスラエルの王たちの罪も悪も隠さないで記されている。それでも自分たちがどのような思いでいたのかは意外に記されていない。その辺は経験してきた者たちの間で記憶として伝えられているだけだ。

民族としての記憶を誰もが持っている。しかしほとんど意識していない。意識できないほど体に染み込んでいるからだ。それが民族性にもなり、思考パターンにもなっている。ほとんどコントロールされていると言っていいほどだ。それをとやかく言うことはできない。そんな民族性を認めるとしても、ヘブル人、ユダヤ人と公にすることは大変なことだ。「初めに不信仰ありき」どころでない。むしろ信仰の現れであり、命がけなのだ。自分たちは文字通りに天地を造った神を礼拝する民なのだ。選ばれたことも、エジプトから救い出されたことも、ただ神によっている。その神を、どのようなことがあっても礼拝しているのだ。

実際に、地上いたるところに離散している民と、海に囲まれ自国だけの生活を繰り返してきた民とでは、そこに刻まれている記憶の意味が異なってくる。取り囲まれた自国だけの生活をしてきた民の記憶は、ただ内側に深く埋もれていく。表に出したらば国が成り立たない。記憶を絶えず国土深くに埋めることで、自国の存続を守っている。地の深くに、深い沼の奥底に沈めることで、表面の安定と美しさを保っている。もちろんそんな芸当はいつまでも続くわけはないが、そうせざるを得ない。その泥沼の深くに埋められた記憶は、たとえ見えなくても、その地に生きているものの足を引っ張っている。地の深くから湧きでる霊気のように地を覆い、民を覆っていく。誰もそれを逃れることはできない。閉じ込められた地に住み続けている民の闇である。負っていること自体に全く気づかないで負わされている闇である。

地上いたるところに離散している自分たちにとって、記憶は当然この地にはない。その地自体が自分たちにはないのだ。地を自分の故郷として振り返ることはできないのだ。故郷を持たないからだ。記憶をたどることのできる故郷は、書物なのだ。書物とは当然聖書である。アブラハム以来真の故郷を求めて旅をしている民のことを記している書物である。どこにでも帰ることのできる基点である。そこから自分たちが出てきた起点だからだ。そしてその書物に記されているように、旅をし、流浪し、寄留しているこの全地とそれを取り巻く海とその上に大空を造られ、さらに新しい天と地を約束している神を信じている民なのだ。地に縛られることはないのだ。地は神のものだからだ。今荒れ狂っているこの海もその神のものだ。

できるだけ正直に自分の身分と信仰を表明したことで、水夫たちが恐れを持ったことに驚いた。難破しそうな嵐のなか、船底で寝込んでしまっていたこともインパクトを与えたかも知れない。さらに彼らは船乗りでいろいろな民族とは接していたので、ヘブル人の存在とその信仰のことはすでに聞いていたであろう。その信仰と生き方が自分たちと違っていて、上から来るような威光と尊厳を持っていることを感じたのであろうか。人間から出たのでない義と徳、また自分たちを越えたものを信じていく強靭さを感じたかも知れない。彼らの顔に表れた恐れを見て、想像してみただけだ。少なくとも自分たちに対して何らかの畏敬を持っているのが分かる。

自分たちは天地を造られた神を礼拝し、それを最優先にしている。それ以上でもそれ以下でもない。単純といえば単純である。実際に礼拝を捧げることが自分たちのできる唯一のことである。それを神が受け入れてくれる。そのゆえに、どんなことがあっても神が見守っていてくれると信じている。エジプトに奴隷の状態で400年いたときも自分たちの礼拝を守ってきた。そこから救い出されても守り続けている。時には彷徨《さまよ》ってその神から離れることがあっても、神を礼拝することが最優先であることは変わらない。

しかしまさに、そんな神から自分が逃れてきたことに彼らは恐れを感じたのであろう。船に乗るときに、自分のことを少しでも説明しないと乗せてくれそうもなかったので、正直に神から逃れるためにタルシシュに行こうとしているのだと話しておいた。それが今、彼らもとんでもないことに巻き込まれていることに気づいたのだ。この男の信じている神がどのような神なのか分かったのだ。自分自身も、そんな異邦の民である水夫と船長と会話を交わし、関わりになるとは想像もしなかった。それも神のなせることかも知れないが。

異邦の民の都であるニネベに行けと言われて、とんでもないと思って逃げてきたけれども、今は何とこの船の上で異邦の民と関わっているのだ。何としても神は異邦の民にも届こうとしているのか。それが神の意図なのか。それで、逃れようとしてもそう簡単にはいかないことを、神はそれとなく示しているのか。ともかくここに至って、自分の手の届かないことに取り込まれているのは確かだ。もしそうだとすれば、何がこれから起こるかは分からない。それは認めなければならない。逃げられたと、勝手に思っているだけかも知れない。神がどこかで自分を見ているように思えてきた。

そんな経験は自分だけでない。すでに詩篇でも歌われている。あのダビデが、自分とは異なった理由で神から逃げているのだ。神に向かって「あなたの御霊から離れて。あなたの御前を離れて。」(139：7、聖書協会共同訳は「あなたの霊から離れられよう。どこに逃れれば、御顔を避けられよう。」)と繰り返している。理由はともかくダビデも神から離れようとしたのだ。そして天に上っても、よみに床を設けても、海の果てに逃げても、そこでも神が見ていることを知る。ダビデが実際にそんなところに行ったわけでなくても、神から逃げたと思う心情はその通りである。そうなのだ。どこに逃げても神は自分を見ているのだ。逃げおおせたと思っているのは自分だけだ。そんな思いがしてきた。

3　海に投げ込まれてヨナは（一：一一～一七）

11 彼らはヨナに言った。「私たちのために海が静まるようにするためには、あなたをどうすれ
ばよいのか。」海がますます荒れてきたからである。
12 ヨナは彼らに言った。「私を抱え上げて、海に投げ込みなさい。そうすれば、海はあなたが
たのために静かになるでしょう。私は分かっています。この激しい暴風は、私のせいであなた
がたを襲ったのです。」
13 それでも人々は船を陸に戻そうと漕いだが、そうすることはできなかった。海がますます
彼らに向かって荒れてきたからである。

船に乗るときに、どうしても納得できなくて神から逃げてきたことを、問われるままに話した。彼らはそんなこともあるのかと思っただけであろう。今そのことを思い出しているの

だろう。人はいろいろな理由で船に乗り込むのだ。それをいちいち詮索していたら切りがない。それでもこの男は何か覚悟があって船に乗り込んできたのだろうとは思ったかも知れない。人がどんな人生を送っているのかは分からなくても、その人の持っている雰囲気は伝わって行く。自分も無言で何かを伝えていたかも知れない。

ともかく、この嵐のなかで船の底で寝てしまっていた自分を見て、彼らは何かを悟ったのだ。自分の民の信仰のことにも何かを感じていたのだろう。天地を造り、出エジプトを起こし、律法を与えた神と、その神をどんなことがあっても礼拝している自分たちのことは、聞いて知っていたのであろう。その神とこの男とこの嵐が、結びついてきたのだ。どうしたらよいのか。

それで彼らは自分に直接聞いてきた。海が静まるためにあなたをどうしたらよいのかと。船を難破から救うためにはもう打つ手はない。波はますます激しく船をたたきつける。飲み込むように大波が覆い被さり、海の底から地が裂けるような響きが届いてくる。真っ暗闇のなかでただ翻弄されているだけだ。船が真っ二つに裂けて、そのまま海の底にたたきつけられて二度と戻ってこられないかも知れない。どうしたらよいのか。

分かっている。ここに至って、これ以上逃れることができないことも、この激しい暴風が自分のゆえに起こっていることも分かっている。嵐が強くなる度に、それが神からのメッセージであると分る。自分のゆえにこの水夫たちや船長が遭難しそうになっているのも分かっている。そしてなりよりも、今この嵐でこのように異邦の民に遭遇させているのも、その異邦の民のために自分が導き出されていることを知らせるためであることも分る。

自分は神の民、ヘブル人である。しかも預言者である。祭司ではないが、神の定めたささげものにについての規定はよく分かっている。神へのなだめのささげ物を神が求めているのだ。罪のためのなだめのそなえ物だ。人間の罪に対して怒っている神に、人間がささげるものだ。全焼のいけにえとしてささげられなければならない。それは、神が定めたことであり、自分たちが守り行ってきたことだ。そうすることで、神の民としての恵みを受け継いできた。大切な定めだ。

自分に何が残されているというのだ。すでに故郷も家族も仲間も捨ててきた。ただ神から逃れようと思ってここまで来たことは来たが、どうにも逃れきれない。このままでは船は破船し、水夫たちも生きては帰れない。残されたことは自分がその犠牲のささげ物としてささげられることだ。それで海が静まるなら、水夫たちは自分の神を認めてくれるであろう。他に何が残されているのか。このまま全員が海に沈んでしまうよりは、自分がそのささげ物としてささげられて、海が静まるのなら、うれしいことだ。他に手の打ちようがあるというのか。

自分が誰かの身代わりになる、そんなことはとても考えられない。彼らはただ巻き込まれているだけなのだ。自分はただこれ以上逃げられない。多分神はそのように仕向けているのであろう。そして、神の怒りをなだめるために全焼のいけにえのことを思う。自分がそのためにささげられなければならないのなら、今はそれを受けることだ。それで神の怒りが収まり、海が静まり、彼らは自分のことで命を落とす必要がなくなる。身代わりとはとても言えないが、自分がささげられることで彼らが助かるならば、それはそれでよいことだ。


率直に言おう。今さら隠れることも逃げることもできない。ヘブル人としていさぎよく生きよう。手足をしっかり掴んで、この荒れ狂う海に投げ込んでくれと言おう。そうしたら海は静まってあなた方は助かるだろう。そんな曖昧な言い方ではなく、あなた方は助かるのだ。このことが自分のことで起こっていることを知っているからだ。それ以外にない。あなた方は知らないであろうが、自分たちの神はいけにえを求めているのだ。

先祖アブラハムに神はそのひとり子であるイサクをささげるように求められた（創世記22：1～14）。アブラハムは言われた通りにした。そしてイサクをもう一度取り戻したのだ。そんなことが自分たちの先祖に起こった。また祭司たちは年に一度全焼の雄羊をささげることが定められている（出エジプト記29：15～18、他）。いけにえがささげられ、血が注がれなければならない。自分たちの間ではしっかりと受け継がれている。自分がそんな大それたことのなかに組み込まれているとは思えない。でも自分が今ささげられることは覚悟ができている。

自分たちと神との間には、ギブ・アンド・テイクというと軽々しく聞こえるし、誤解される危険もあるが、お互いがお互いを求め、必要としているところがある。それでも、自分たちのためにだけ神が存在するのでも、また神のためにただ自分たちが存在するのでもない。つまり、自分たちの必要のために神を考え出したりとか、自分たちが納得できるように神を自分たちのところに引き下ろしたりすることはできない。実際に納得のいかないことは随分ある。信じられないことも多くある。それでも信じて行くことで真実な神と深く関わることになる。

また、神のために自分たちがただ隷属しているのでもない。人を男と女に創造し、さらに律法を与えてくださったのも、私たちがこの地上で神のかたちに似た真の人として生きることで、神との人格的な交わりが成り立つためである。いけにえをささげることも、民の間の罪や汚れが神に許され、清められていくことで、さらに民が安泰に生き、守られていくためである。一方的な厳しい神だけではない。私たちのことに深い配慮と愛をもって接してくれる神である。

そんな神との関わりは、神の民である自分たちの間にもみられることだ。誰ひとり自分のために存在しているのではない。互いのために、身近には家族のために、隣人のために、そして孤児や、寡婦や、在留異国人のために存在している。自分たちがエジプトで在留異国人であったので、自分たちの間の在留異国人を大切にすることは当然だ。また自分たちは流浪の民、離散の民でもあるので、お互いを助け合うことで生き延びている。弱いものへの思いやりや心遣いは当然なのだ。

人は自分のために存在しているのではない。そんな単純と思えることがしっかりと自分たちのなかには組み込まれている。それを身代わりというのは大げさかも知れない。それでも自分は自分のためではなくて、他者のために存在しているということが基本的な生き方になっている。自己中心的な生き方はできないのだ。

確かに身代わりというのは大げさでも、今自分が置かれた状況を考えると、このまま荒れた海に投げ込まれることが誰かのためになるのなら、そのまま受け入れてもよい。誰のため、それは直接的にはこの船の水夫たちのためである。しかし、自分が不思議に異邦の民に神のことばを語ることにと、神に召し出されたことを考えると、どこかで自分たちの民のためかも知れないし、神のためかも知れないと、不思議に思えるようになった。

それにしても、数百年後に到来したメシアであるイエスが、これも不思議なことに、自分のことを何度も口に出している（マタイ12：39以下、11：29以下）。自分のことが気に入ったのだろうか。自分の存在が何かのしるしになったのだろうか。ご自分の使命とどこかで重ねておられるのだろうか。供え物としてささげなければならないことを分かっておられて、自分のことをそんな先駆けと見たのだろうか。そして自分の今の気持ちも分かってくれたのであろうか。そうだとすると随分こそばゆいことだ。何とも恐れ多いことだ。

イエスの口から出たことばは、しかし、その身代わりの生き方を端的に示している。一粒の麦のたとえ（ヨハネ12：24）、何とも見事なたとえだ。こんな表現をするイエスに驚嘆するだけだ。また人が友のために命を捨てることの愛（ヨハネ15：13）、それはすべての人に通じることだ。さらに、たとえ全世界を手に入れてもいのちを失うことがある（マタイ16：26）。それよりも命を捨てることを求めている。それは、まもなく十字架でいのちを捨てることになるご自分の生き方を示している。他者のために命を捨てていく生き方だ。自分のために生きることは、結局は死をもたらす。自分を捨てることでいただくいのちがあるのだ。まさに、身代わりの思想と言える。

この思想というか、生きる姿勢は聖書全体に行き渡っている。メシアであるイエスを通して、神の民の延長である教会にも受け継がれている。しかし残念であるが、その痕跡を残しているだけとしか言えない。隠れたところで生きているが、どこかで自己中心的な生き方にすり替わってしまった。それはキリスト教が、ギリシア思想やローマ法と接触を深めていくなかで受けたことで、そのまま西洋社会に受け継がれてきた。たとえば、キリスト教の絶対性という思想を作り出し、自分たちユダヤ人を迫害することが当然にように思ってきた。

一つの例が、ホロコーストだ。教会ができて2千年近く経って、自分たち同胞が西洋の社会でいてはいけないという理由で、600万人が殺害された。生き延びた同胞の哲学者のレヴィナス（Emmanuel Lévinas, 1906~1995）が、そのようなことを引き起こした西洋の思想の自己中心性を見抜いた。帰るべき故郷を持つ旅人なのだ。安全な居心地よい港を探し求め、そこに入港すれば、慣れ親しんだ自分たちだけの生活が確保され安心できる。それを邪魔する者を排除する暴力性と排他性が出てくる。流浪の民、離散の民は邪魔者で、西洋の安定を妨げるものでこの世から消し去られるべきだと見なされた。すべてとは言えないが、多くの教会の人たちはそのような考えに従ってしまった。今さら非難しても仕方がない。同胞の哲学者の言う通りだ。

帰るべき港を持っている旅人と、寄るべき港を持たない旅人は、帰ることのできる故郷を持っている旅人と、ただ永遠の故郷をあこがれている旅人の違いのことだ。新約聖書の『ヘブル人への手紙』（11：13〜16）にも記されている。西洋の社会は、しっかりとした故郷を、国として、教会として築いてきた。それが揺るがされることには暴力を用いてでも排除する。当然のことと決めつけている。教会の間でも、自分たちの理解した聖書理解が絶対であると決めつけて、他を批判し、時には異端とまで言い張る。教会は神の民の延長なのか、別物なのかという議論もあるが、身代わりの思想を共有している群れであることは忘れたくない。教会はイデオロギーの群れではないのだ。神の民の群れなのだ。

身代わりとして生きることは意に反して生きることだ。自己中心の世界では、ただ自分の安定のためにすべてをやりくりする。身代わりとして生きることはその逆だ。意に反して、他者のために生きることだ。当然自分がどのようになるかは分からない。それでも他者のために自分を犠牲にすることだ。何が降りかかってくるかは、自分ではコントロールできない。しかし意に反して生きることで、自分が制御できない分、思いに反した神の恵みが届いてくる。旅人がその度に新しい経験をするように。

意に反して生きる、あるいは生かされる、そんな生き方、人生を受け止めることは大変な覚悟が必要だ。実際には覚悟をする前に、すでに組み込まれているのが事実だ。時には怒りにも似た感情を持つ。預言者としての使命を果たして人生を終えるのかと思っていたら、思いがけなく呼び出されて、それもニネベに行けという。そんな呼び出しに到底応えられないので、ここまで逃げてきた。けれども結局は逃げられない。同胞から切り離され異邦の民の間で、ささげ物として荒れ狂う海に投げ込まれる間際に、怒りに似た感情が湧いてくる。同時にこれが自分の人生であったのかと悟る。

この世には、そこに入れば、安心できる安住の場所はない。そこに帰れば、誰もが快く迎え入れてくれる故郷はない。そこにいれば、黙っていても自分を構ってくれるふる里はない。異国の地で、誰にも認められないで、荒れ狂う海に投げ込まれて人生を終える、それが自分の人生なのだ。水夫たちが何とか岸に辿り着いて、こんなことがあの海のなかで起こったと仲間たちに話したとしても、そんなことはすぐに忘れられてしまう。人生は過酷なのだ。それでも自分が海に投げ込まれて、彼らが生き延びるならば、それはそれなりに意味のあることだ。

それにしても水夫たちは自分の申し出に驚いたのであろうか。何とかそんなことをしないで船を陸に戻そうと賢明であった。どんな嵐にも慣れた水夫たちで、何度も難局を乗り切ってきた。不可能なことはない。何とかなる。そう思っても、まさに思いに反するように風は逆に強くなり、船をますます陸から引き離していく。強烈な風と大波で、船はまさに沈みそうだ。残されたことは、この男が言うままに海に投げ込むだけだ。この男の神がこの男を受け止めて海を静めてくれるかも知れない。

14 そこで彼らは主に向かって叫んだ。「ああ、主よ。どうか、この男のいのちのことで、私たちが滅びることのないようにしてください。咎なき者の血の報いを私たちの上に下さないでください。主よ。あなたは、望まれたとおりになさったのですから。」
15 こうして、彼らはヨナを抱き上げ、海に投げ込んだ。すると激しい怒りがやんで、海は凪ぎになった。
16 人々は非常に主を恐れ、主にいけにえを献げて誓願を立てた。

この男の神に祈ってみよう。その神が祈りを聞いてくれるならば、信仰は違っても祈ることはできる。この男は「主」を礼拝していた。その「主」に祈ればよいのだ。自分勝手な祈りだと思われても構わない。それしかできない。ともかくこの男のために死ぬことのないようにお願いしよう。ありったけのことはしたのだ。それでも船を陸に戻すことは出来なかった。何か特別な力が働いているのだ。その神の仕業なのかも分からない。ともかくその神に祈ってみよう。それで損をすることはない。言われるままにこの男を海に投げ込みますので、「主よ、後はよろしくお願いします。」

そんな水夫たちの祈りを聞いて、不思議な思いになる。自分の神に祈っているのだ。彼らの神は嵐を静めることはできなかった。自分の存在が何かの原因であろうかと思いつつ、船底で寝ていたところに彼らが来た。隠さないで自分の身分と信仰を告げた。その結果、彼らが自分の神に祈っている。何ともおかしな状況に追いやられたものだ。誰にもいわないで黙って逃げてきたけれども、今は水夫たちに囲まれて、彼らさえも自分の神に祈っているのだ。神は何らかの目的のために水夫たちを取り込んでいるかのようだ。

そんな思いがよぎっても、彼らも一刻の猶予もない。これ以上待てない。自分も覚悟はできている。ただ人生の終わりで思いがけず、異邦人たちが自分の神に祈りを捧げているのを聞くことになった。自分のゆえであったとしても、彼らが自分の神に組み込まれているのだ。

それを知ったのはせめてもの幸せだ。彼らも海の男だ。一度決断したら迷うことはない。手足を持って、荒れ狂う海に自分を投げ込んだ。この場にいたって慌てふためいても仕方がない。後は波に飲まれるだけだ。

その後のことは自分には分からない。記されているところだと、海はすぐに静まった。投げ出した男のからだが見えるか見えないかのうちに、そして最後の大波が船を覆って過ぎ去ってみたら、海は何もなかったかのように静まっている。あの大波の轟きもどこかに行ってしまった。今は静かに凪いでいる。水夫たちも信じられなかった。海を生活の場としてきた彼らだ。人を海に投げ込むようなこともなかった。しかも、投げ込んだら、海が静まったのだ。こんなことがあるのか。

海の神とか風の神というのではない。この男が礼拝している天地を造られた神の仕業なのだ。その神である主への恐れ、神の絶対的な存在感に対する畏れ、主の偉大さに対する畏敬の念、そんな思いに圧倒されて、彼らはみな船の甲板に出て跪《ひざまず》きだした。何と神である主に礼拝をささげているのだ。彼らなりに神にいけにえをささげ、誓願まで立てている。そうすることが最も自然の成り行きであり、また理にかなったことだ。神への畏敬の念は彼らの心をも洗い清めた。新しい風が彼らを覆い包んでいる。

それにしても神は何ということをするのだ。異邦の民を自分の逃亡生活に引き込んで、彼らが神を礼拝することにまで導いている。自分のゆえに大変な面倒を彼らにかけてしまったと思うが、そんな思いをはるかに超えたことだ。それは神のなしたことだ。何という方だ。でもそれこそ、あの異邦の都ニネべに行くように命じられたことと関係しているのか。そのニネべから逃げられないことを神はこのように示しているのか。

17 主は大きな魚を備えて、ヨナを呑み込ませた。ヨナは三日三晩、魚の腹の中にいた。

荒れ狂う海に投げ込まれてなすすべがない。もともと内陸で育ったので泳ぐのは得意ではない。もがいてもしようがない。なるがままにまかせる以外にない。波にもてあそばれて上下しているうちに、何か大きな生き物のようなものが近づいてくることが分かった。まだ船からもそんなに離れてはいないようだ。意識もまだある。そして波に飲み込まれて、そのまま海底深くに沈みそうになったとき、その大きな生き物が自分を呑み込むのが分かり、失いかけた意識が戻ってきた。包み込むような温かい空気の中に自分がいる。

その大きな生き物は、大きな魚なのであろうか。真っ暗な海で、波にもまれるまま、どのような生き物なのか見分けることができなかった。水夫たちは見ただろうか。彼らは、暗い海でも荒れ狂う海でも眼が慣れているので結構しっかり見通すことができる。嵐が静まるのと同時に、大きな魚のようなものがこの男を呑み込むのを見逃さなかっただろう。すでに積荷を全部海に投げ捨ててしまったので、目的地には向かうことはできない。ヤッファに戻る以外にないだろう。そうしたら当然海の上で起こったことを仲間にも家族にも話すだろう。

失いかけた意識が戻って、まだこの大きな魚の口のあたりで留まっていたときに、そんな思いが出てきた。今さらどうでもいいことだが、自分を海に投げ込んだ彼らのことは正直気になる。自分のゆえに積荷を犠牲にしなければならなかったのだ。荷物の依頼主に説明するのに困るだろう。それでもいきさつは全部話すだろう。海の男たちはウソをつかない。依頼主も仲間も家族も話を聞いてくれるだろう。

そんなことをかすかに思っていると、留まっていた空気が急に動き出して、押し流されるように大きな管を通って下降するというのか、もう一つ別の空間に移動しているのが分かった。管のあちこちには生温かい柔らかいものが付いていて、ぶつかっても怪我をすることなく守られていることが分かる。不思議な優しさだ。どれくらい移動したのかは分からない。ただその優しさが伝わってきて安心感が出てきた。あとはその流れに身を任せるだけだ。

嵐の後で、この安心感は何とも気持ちがよい。生きた心地がする。でもよく考えてみると、ただ大きな魚の餌になっただけだ。これで人生が終わることには変わりがない。それでもあの嵐で海の底に沈み込んで浮かび上がってこないよりは、このまま魚の餌になって消えてしまうほうが多少慰めにもなる。でもまた逆にこの大きな魚の餌になって徐々に自分のからだが食いちぎられていくのを想像するのも恐ろしい。どちらにしてももう自分は死んだも同然だ。今さらあたふたしても仕方がない。死んだ者として生きることだ。

ずっと後に同胞のパウロが、メシアであるイエスを伝えるためにこの同じ海を何度も旅している。しかも難破したことが三度もある。難破した上に、一昼夜海上を漂ったことがあるという（Ⅱコリント11：25）。よく助かったものだ。ただ神に召し出されたらどんなことが人生で待っていて、どんな試練に遭遇するのか誰にも分からない。まさに人生の海の嵐だ。さらにパウロの場合、メシアであるイエスのゆえに同胞からむち打ちの刑を受けることにまでなった。どう考えたらよいのか分からない。

そんなパウロが、きわどいところで助けをいただいた表現には、心から納得がいく。四方八方から苦しめられても窮することなく、途方に暮れても行き詰まらず、迫害されても見捨てられず、倒されても滅びない。まさに最後の最後に受けた助けだ。今自分はこのまま終わることになるのかも知れないが、それでもこの最後の最後の助けをわずかに経験している。

そして助けられるならば、さらに何かの意味があるからだろう。試練と助けはほんの紙一重の差だ。このまま終わってしまうこともあるのだ。

しばらく柔らかい、それ自体が生き物であるかのような管を下ってから、より広がりがあると感じられる場所にたどり着いた。そしてふわっとしたところに、そこがあたかも仮の到着点であるかのように着地した。海の底ではなく、ともかくここにいなさいという感じで着地したのだ。怪我はないようだ。手足を伸ばしても何の痛みも感じない。意識もある。ただ真っ暗だ。どうにもならないほどの暗闇だ。この大きな魚の口に入ったときは空気と同時にまだ海水の流れを感じたが、今は生温かい空気がゆったりと流れているだけだ。塩からい臭いに混じって、生き物の吐く生きた息を感じる。それが自分の吐く息とひとつになる。自分とこの魚が同じ生き物であることが分かって、一抹の安心感を持つ。それでもここから自力で脱出することはできない。少しずつからだが食いちぎられるのを見守るだけかも知れない。もちろん見えないだろうが。ただ今分かることは、自分が魚の腹の中にいることだ。腹をくくる以外にない。

それにしても神はよく動物を使って語りかけてくる。この大きな魚が動物なのか、ただ大きな魚なのかは分からない。ともかく生き物を使って何かを伝えようとする。預言者バラムにろばが語りかけている（民数記22章）。あのヨブに神が嵐のなかから答えられたときにも、河馬を見よとか（ヨブ記40：15）、わにともいわれるレビヤタンを出している（同41：1）。詩篇の作者は、谷川の流れを慕う鹿のようにと歌っている（詩篇42篇）。イエスも、一羽の雀を引き合いに出している（ルカ12：6）。神がそのような生き物を用いることの意図が、今この大きな魚の腹の中に置かれて何となく分かる。もちろん分かってもここから抜け出す手だてはないのだが。

神から逃れて、故郷をでて長い道のりを歩いてヤッファに辿り着き、タルシシュまで行ったら神とはもう関係がなくなると思って船に乗った。そうしたら嵐に遭遇し、辿り着いたのが魚の腹の中なのだ。じたばたしても始まらない。この魚も神が備えたものなのだろう。そうでないかも知れない。どちらにしても今はじっとしているだけだ。自分はもうすでに死んだのだ。今さら慌てふためいても仕方がない。三日三晩とは誰が決めたのか分からないが、じっと待つだけだ。

4　魚の腹の中のヨナは（二：一〜一〇）

1 ヨナは魚の腹の中から、

大きな魚の中にいる。あたりは真っ暗。目を開けていても何も見えない。ただ闇だけだ。その闇が網膜を通して身体の中にじわりと染み込んでくる。闇と自分の間には境界線がない。ただ生温かい空気が頬に伝わってきて、静かに息をすることが出来る。外と遮断されていて、ひとまとまりの真っ暗な空間であることが分かる。そんなに狭いところでもなさそうだ。空気がゆったりと流れているので分かる。魚の動きに合わせて揺れているのだ。静かに座っていると安定する。ある種の静けさがある。その静けさと自分が一つになっている。真っ暗闇のなかで魚と一緒にいる共有感を与えてくれる。ともかく魚の腹の中で守られているという安心感さえ感じる。

嵐は収まっている。自分の周りが少しだけ明るみを帯びてくることがある。魚が海面に近づいているのかも知れない。それで何かが見えるわけではない。ほんの少しだけ明るくなった気がするだけだ。魚自体が海面近くでゆったりしたので、自分のいるところもそれに合わせてゆったりとした感じになったのかも知れない。多分外は昼間なのだろう。そしてまたしばらくすると、闇がべっとりと覆ってきて、文字通り真っ暗な闇になる。海も夜のとばりで静まっているのであろう。そんなことを魚の揺れに合わせて考える余裕が出てきた。

魚が海の深くに沈んでいるときは、闇が一瞬の隙間もないほど締め付けてくる。まさに閉じ込められた感じになる。揺れもない。地上のことは到底海の底まで届かないので、すべてが忘れ去られたように静まってくる。息を吸い込むと、闇が肺に入り、血管を通して皮膚の裏側にまで占領してくる。皮膚を境にしているだけで、自分が闇の一部に過ぎないことが分かる。自分と闇との区別がなくなり、闇と自分が一体となる。声を出そうと叫んでも、その声がすでに体の中の闇に飲み込まれてしまう。心が闇に同化し、闇が心を住処《すみか》としている。実際に自分と闇と何の区別があるのか。自分は闇であり、闇は自分である。

魚は何度か海面近くに上ったり、海の底に沈んだりしている。そんな動きに自分の体が合ってくる。そうすることで自分ひとりでないことが分かり、多少の心強さを感じる。魚が海面近くに上るときには自分も上り、多少体が軽くなり、海の底に下るときには自分も下り、締め付けられたようになる。そんな動きに合わせながら、自分がこれからどうなるのか、ほんのわずか考える。まだ現実感がともなっていない。ただ嵐を逃れ、まだ死なないでいるという事実だけを受け入れている。脱出できるのだろうかと考える余裕はない。ただ確かにこの魚とともにいるという現実が、ある種の安心感を与えてくれる。

この闇にはべっとりとした生温かさがある。臭いさえある。闇が生きているのだ。ヤッファ（ヨッパ）のあの岸辺で嗅いだ塩辛い臭いではなく、魚の体内で蒸留された透き通った海水の臭いである。その臭いが魚の体内の襞でゆられ、こちらの体内の襞に気持ちよく語りかけているかのようだ。魚が海面近くにあがっても海の底に沈んでも、温度は一定の生暖かさで保たれている。慣れてくると、どこかで自分がかつていたことのあるような感覚がよみがえってくる。記憶のはるか向こうでかつて経験したようで、思い出すことができるかどうかも分からない、推し量ることもできないある郷愁を感じるのだ。

多少心に余裕が出てきて、異なった状況で真っ暗闇のなかに置かれたら、全く違った思いになるのだろうと想像してみる。たとえば神を避けて地の果てに逃げたダビデのようならば、荒涼とした地で、吹きさらしの風の中で、襲ってくる闇から自分を守るように縮こまっている以外にない。獣が出てきて襲うかも知れない。その恐怖心が闇に追い打ちをかける。また深い穴の底に落とされた別の預言者のようであったら（哀歌3：55）、狭いなかで身動きが取れず、闇の中でただ体に触ることで自分の存在を確認しながらじっとしている以外にない。空気も薄く、食べ物も飲み水もない、ただ助けを待つ以外にない。人はいろいろな状況で、真っ暗な闇の中に置かれるのだ。その人の罪によってであろうと、人びとの反逆によってでも、それを神が許しているかのように人は闇の中に置かれる。そんなことを思い巡らしている自分がいる。

真っ暗な闇の中では目を開けていても、目を閉じていても、何も見えない。しかし、意識がしっかりしているときには不思議に目を開けている。そうすることが生まれながらに定まっていたかのように、しっかりと目を開けている。しかし、生温かい空気のなかで、ゆっくりと動き回る魚の動きに合わせていると、まぶたが自然に閉じてきて、深い眠りのなかにいることがある。眠りから覚めても、そこには目で見る対象が何もない。あったとしても闇で覆い隠されている。それでも意識をしっかり保って何かを考えようとする。考えようとするのであるが、その対象がない。ただ闇をからだの一部のように受け入れ、闇に同化しているのが分かる。起きているのと寝ているのとの境が不明になってくる。

意識が朦朧《もうろう》としてくる。起きているのか寝ているのか分からなくなる。そんなことを何度も繰り返す。それでも自分が自分であるという意識は保っている。辛うじて保っている。闇に囲まれ魚の揺れにゆったりと合わせていると、なんだか揺りかごに揺られているような感じになる。そんな感覚は覚えてはいないが、揺りかごでぐっすりと寝ている子どもの姿と、今の自分の状態が重なってくるのだ。それはイメージに過ぎない。多分どこかの感性が働いて、長い間じっと眠っていた記憶を呼び覚ますように、そんなイメージが湧いてくるのだろう。遙か遠い記憶の淵に薄い膜のように漂っている心地よいイメージである。そんなときが自分にもあったのだと気づく。

そんなイメージを楽しんでいると、さらに意識が朦朧としてきて、そのイメージが消えかかっていく。同時に自分のからだが浮いてきて、何とも居心地のよい空間に自分が漂っていることが分かる。そのイメージの先の、生まれる前の状態に戻ってしまったのだろうか。そんな記憶はないと思っていたが、闇と同化しているうちに、イメージの先の、意識にも隠れていた世界に知らないうちに導かれたようだ。大きな魚の腹の中の不思議な空間が、知らないうちに母の胎の空間に結びついたのだろうか。内も外も生温かい闇に覆われている不思議な心地よさが、全く意識したことがないと思っていた世界に自分を導いている。

全く記憶にはない世界、しかし確実に経験してきた母の胎のなか、経験してきたので、記憶にはないと思っても、どこかに隠れている記憶の残滓《ざんし》（残りかす。慣用読みで「ざんさい」とも読む。）、かつての遠いかすかな名残のような記憶、言われてみたらそんなときもあったかなとしか思えない陽炎《かげろう》のような記憶、それでも私の初めを記していることを認めないわけにいかないアリバイのような記憶、始まりでありながら時間のない記憶の初め、そんな記憶の外れのあり場にあたかも当然であるかのように導かれる。

生温かい、しかし真っ暗な魚の腹の中でしばらく過ごしていると、そのしばらくという感覚がなくなって、時間を超えた世界に一気に導かれる。魚が昼間の海面に近づいていることはかすかに分かっても、昼のいつなのかは分からない。真っ暗な中では見えるものがないので時間の感覚がなくなる。外の動きで確認できる時間の区切りがないのだ。前の時と次の時の間が闇に捕らえられて区別が出来ないままに、心の中も時間の区切りがなくなってくる。そのように時間の流れがなくなるので、時間を超えた世界に一気に入ることになる。それはまさに記憶にない時間の始まり、母の胎での私の始まりとなる。

あのダビデが罪を犯して神を避けて地の果て、よみにまで下って真っ暗な闇を経験した。

その闇が今自分が経験しているのとは異なっていても、闇の中でうずくまっているダビデの心は伝わってくる。逃げ切れると思っていたが、その闇の中にまで神が届いていることを知るのだ。何と言うことだ。神には闇も光も区別がない。闇をも見通している。真っ暗闇のなかの浮かんでいる自分をも見通しているのだ。そんな神の御手を認めたときに、思いが自然に母の胎で形作られた自分の存在に至っている。記憶にはないと思っていた母の胎のなかでの自分の存在を知ることになる。「あなたの目は胎児の私を見られ」というダビデの詩篇139篇16節が自分のことのようになる。

真っ暗闇で時間の感覚を失い、生温かい闇と同化しているうちに、からだの中のどこかに長い間じっと留められていた母の胎のなかの記憶の残滓が、生温かい闇に溶かされ、徐々に揺り動かされ、そしてしっかりとよみがえってくる。母の胎に揺られている自分、何かが外から振動してきて聞き入ろうとしている自分、誰かが周りをなでているような感覚に驚いている自分、早く移動しているときもじっとしているときも守られていることに安心している自分、そんな記憶にもない感性が闇の中で手に取るようによみがえってくる。

この記憶にもない感性は、しかし、自分が自分であることを納得させる。母の胎のなかで形作られ、父の信仰を受け継いで生まれているという事実が当然のことのように思われてくる。そう思うと、懐かしさを越えて、父と母の家族に含まれている一体化が生まれてくる。父と母の子であるとそのまま受け入れることができる。父と母がそれぞれどのような人生を歩んできたのかも、どのように知り合うことになったのかも、どんな困難を乗り越えてきたのかも、いまどのようにしているのかも、そのすべてが自分のことのように思えてくる。

父母が人生で背負ってきたものは、自分のものでもある。想像以上に大変なことを背負ってきたかも知れない。そんなことをおくびにも出さない。父母の愛情も憎悪をも引き継いでいる。すでに父母の人生の一部になり、人格にもなっている。私はニュートラルではいられない。すでに多くの負を負い、多くの恵みをいただいている。母の胎から罪あるものとしてその存在を始めている。母の胎から将来預言者となる恵みをいただいている。

その父母が作り出す家庭の匂いは、すでにからだの一部になっている。乳飲み子の時の父母の匂いである。母の匂いであり、父の匂いである。台所の匂いであり、父母のかわす会話の匂いである。父母を囲む生活圏のすべての匂いでもある。忘れたと思っても、皮膚の後ろに染み込んで、どこかにしっかりと残っている。

今真っ暗な闇の中で、そんな匂いをしっかりと思い起こしている。闇の中ではよみがえってきた記憶は余計に鮮明である。忙しく動いているときにも何かの拍子にそんな記憶の断片を感じることもあるが、すぐに忘れてしまう。それが今は一つの記憶が糸を辿るように次の記憶を導いてくれる。母の得意な料理の匂い。それを囲んでの家族の団欒。そんな記憶に囲まれていた自分。懐かしくもあり、同時に、どうすることも出来ないもがきでもある。ただ自分のなかにそんな記憶があることに驚く。驚くと同時に、避けることのできない自分の一部であることを、闇の中でより確認する。

闇をテーマにした牧師たちの集いで、一人の牧師が不思議に母の胎内に導かれたことを経験した。そんなこともあるのだ。

「目を閉じて自分の闇に入っていった時であった。自分が母の胎内におり、そこで居心地悪くしているというイメージが来た。産み出されることにも消極的な自分がそこにいた。私は母が嫌いではないのだが、いっしょにいるといつも居心地の悪さを感じていた。それは母親が亡くなるまでそうであった。そういう意味で、母親を受容し切ってはいなかった。しかし、この作業を通して、その理由がわかった。旧家に嫁ぎ、不安を抱えながら働いていた母。そして今度こそは男の子を産まなければならないというプレッシャー。胎児の私は、そうした母親の不安定な感情を吸収して、期待に応えるのも恐れて、居心地悪くしていたのだ。それがわかったら、母親を受容することができた。」

大きな魚の腹の中の真っ暗な闇の中で、魚の動きに合わせていると、闇の遥か先で自分でも気づかない記憶の残滓に到着している。その記憶の残滓が闇の中に散らばっているが、取りも直さず、それは自分の内側の闇でもある。その境はすでにない。それでも記憶の断片がよみがえることで、境のない闇の中で不思議に光と温かみを帯びてくる。そしてさらに、全く関わりがないと思われる別の記憶の断片と結びついてくる。そのようにして、記憶の残滓がわずかな光とほんの温かみを帯びて闇の中で輝いてくる。ただ意識の中で輝いてくる。

それでも意識にない記憶、ただ体験として通過してきただけの記憶の残滓、からだの一部として埋め込まれている記憶の襞、自分の存在の始まりの始まり、そんな世界に導かれた確かさと、言いようもない安心感に満たされる。そして、魚の腹の中で静かに揺られるイメージが、いつの間にか母の胎のなかで気持ちよさそうに揺られているイメージになる。幼いときの自分の顔を闇の中で見ることになる。安心しきっている自分、それでいて周りの音にゆっくりと反応している自分、人としての辛苦をすでに悟っているかのような静かな顔、どこかでしっかりと親の面影を漂わせている顔、そんな映像が真っ暗闇の中で意識にしっかりと浮かんでくる。

そんな心地よさにひたる。だからといって目の前の闇というか、眼の中にまで入り込んでいる闇は消えそうもない。目を通して、息を通して、皮膚を通して、毛細血管を通して、この湿った闇はからだの芯にまで染み込んでいる。闇に覆われるという感覚から、闇に吸い込まれる感覚になる。このまま闇の一部になって消えてしまうのではないかと、我に返って思う。母の胎のなかの快い眠りから目が覚めて、今度は不安になる。

深い井戸の底の沈殿した闇の世界とは違って、ここの湿った闇は絶えず動いている。魚が息をする度に自分の体も揺れていく。それは気持ちよいが、次第に闇に自分の体が吸い取られていくような感じになってくる。確かに、このまま魚の腹の中にいたら自分はただの餌にしか過ぎないのだ。闇に吸い込まれながら、からだが少しずつ浸食されていくのではないか。そう思い始めたら、それまでの心地よい思いはあっけなく消えて、不安が心を占めてくる。

そんな不安に捕らえられると、闇が一段と深くなっていく。闇の重みが体にずっしりとのしかかってくる。闇に重さがあることに気づく。それに圧迫されるように心の闇は激しくうめき出す。心地よい思いは吹っ飛んで、焦燥と困惑に満たされる。思い出したくない、考えたくもない、そのまま蓋をしておきたいことに思いが向いていく。どうしても消極的、否定的になる。

目が見えて、特に灯りがあり、光があるなかで、目に入る対象があるときは、心もそれに従って動く。目に入ったものが心に印象を残し、その対象を言葉で言い表していく。外から入ってくるものを捉える感性と、それを不思議に分類していく悟性のなす不思議な働きによって、人はものを理解し、それに名を付けることで概念化して、目の前の世界を整理していく。それらを結びつけて体系化していく。そんな一見不可知な世界を昔から哲学者たちは考察してきた。光があるなかでの考察である。闇の中での考察ではない。闇の中では考察はない。考察する対象がない。闇の中では記憶だけが生きている。闇の向こうから届いてくる記憶だけが自分を生かす。あるいは殺す。

目に見える世界だけが真実、目を通して心に入ってきた世界だけが事実、感性を通して心に入ってきたものだけが真理、それを先験的悟性によって整理し、分類し、体系立て組織立てた世界だけが確かなものとしてきた。まさに2千年の西欧の歴史だ。光の世界をたよりにしてきた。闇を避けることに腐心してきた。夜になれば文字通りに夜であった時代は過去のものだ。夜になっても人は昼間の延長を生きなければならない。目に入るものをより増やし、それに信頼することで人は成長すると信じてきた。目にするものは飛躍的に広がっている。世界の裏側のことも映像を通してその日のうちに観ることができる。眠らさないほどに映像が飛び込んでくる。見えない世界、闇の世界はないかのように思わせる。しかし、そのようにして人は心のバランスを失うことになる。

昼間の世界、光の世界がすべてであると思っても、押し込められた夜の世界、闇の世界は顔を出す。追いやっても追いやられても、闇の世界はそこにある。押し込められればより激しく、より厳しく闇の世界は顔を出す。歪められて、傷つけられて闇の世界は顔を出す。そのように人は夢を恐れる。そこは無整理、無分類の世界、体系化も組織化も拒む世界、時間を飛び越え、空間を飛び越えて一挙に目の前に展開する世界、誰も進入を阻止することの出来ない世界、ちょっとだけ顔を出してすぐに隠れてしまう世界、追跡できない世界、ただ心を騒がす世界である。

闇が深まるにつれて、心は深い闇に追いやられ、闇の核心に導かれる。わずかな記憶の残滓《ざんし》も、覆われていた蓋をかいくぐって闇の核心に近づいてくる。かすかな夢の感性を通して闇の深みが顔を出してくる。夢が終わっても、今の自分は魚の腹に閉じ込められているので、昼間の生活に戻ることがない分だけ、夢で出てきたことが現実味を帯びてくる。それは、追い詰められ、脅迫され、怒りを引き起こしそうな感じであり、果たしえなかったことを慕い、欲求が満たされないでもがき、ただ深海に潜んでじっと耐えている感じである。そのように、言葉の手前で潜んでいた感性が顔を出してくる。

それでも人は、それがどんな闇なのかを知らない。ただどこかに潜んでいると密かに気づいている。何かの拍子に気づき、あるいは気づかされる。自覚的に、意識的には認識できない。何かのことで気づかされ、気づいていく。人の話を聞いて、自分にも思い当たることに気づく。小説を読んで、深く納得する。恥ずべきと思うことでも、それを慕っている心があることに気づく。悲しいニュースを聞いて、似たことがあることに気づく。人の出生の秘密を聞いて、どこかに同じようなことがあることに気づく。悲惨な戦争の話は、自分たちのなかにもあることに気づく。

どの家庭、家族にも傷があり、闇がある。善し悪しの問題ではない。ただ抜き差しならないかたちで潜んでいる。気づかないうちに心は覆われている。それは、生まれ育ってくるなかでからだの一部になる。心の襞にしっかりと刻まれて、知らないうちに心を支配している。押さえ込んでおきたくても思いがけずに顔を出してくる。そんな闇が、現実に闇の中の追いやられることで、避けることができない心の現実となる。それが自分なのだと気づく。

闇は何と言っても無形である。無色無臭でもある。心の隙間にすっと入ってきて居座ってしまう。しかもじっとそこにいて、熱を持ってくる。心の襞に温められてきて、逆に心の襞を揺さ振りながらその人特有な雰囲気を作り上げていく。闇がその人の人格にまでなる。匂いを持ってくる。それでもどのようなものなのかを知ることも出来ないし、言い表すことも出来ない。それを探ることも出来ない。名前がないからだ。

名前のないものを人は恐れる。心の置き場がないからだ。どこにも所属していない。それでいてどこにでもあり得る。人は名を付けることで安心する。ところが闇には、名がない。それ形がないからだ。それをどのように位置づけてよいのか分からない。それで不安になる。捕らえようとすればすっと逃げていってしまう。それでもそこにしっかりとある。誰もがそんなどうにもならないものを陰のように負っている。切り離そうと思ってもしっかりとくっついている。すでに人格の一部になっている。

今魚の腹の真っ暗闇の中で、初めは湿った臭いの闇にも慣れて、その闇の一部のようになって漂いながら、闇の現実と広がりを見せられている。見える世界だけをたよりにしていた自分が背後に退いて、見えないと思われる世界が心のなかで確かなものになる。その現実が同時に、自分を越えて他の人の心にも同じように巣くっていることに気づく。闇を抱える契機は個々人異なっていても、闇を抱えている心には共有感が広がる。

無形である闇は時間を超え、空間を越えて共有の場を持ってくる。魚の腹の中に閉じ込められていながら、逆に自分の心が不思議に広がっていることに驚く。心の中の闇の世界は自分だけでなく、自分が出てきた故郷の家族も友も同じように抱えているのだと、今は魚の腹の中でそれこそたった一人であるが、単純に納得する。それだけまた、闇の現実に正直になる。

幼少年時代のことは、まだ母の胎の延長で、居心地のよい記憶として残っている。とがめ立てることもない。父もそれなりに手に職を持って生計を立て、貧しくても何とか食べることができた。食卓も家庭も憩いの場であった。家の外は大自然の遊技場で、近所の友達と思う存分に遊ぶことができた。時々遠出をして冒険心を満たしていた。親は自分のすべきことをしている限りあとは自由にさせてくれた。独りで澄み切った夜空を見ながら、散りばめられた星々に思いを馳せた。

少年時代は、物心が付き、自分のからだのなかの自分とは異なった動きをする存在に気づいていくことで、少しずつ暗いものになっていく。薄い靄に覆われてくる。性に目覚めるのは、あることで自分のからだが意志とは関係なしに動き出す経験でもある。ただ異性の存在に敏感になる。それでも性というものが、男女間の親和力のように働いていることに気づく。

またそう思う自分を恥じている。親に相談することもできない。友達同士の話題になることがあっても、羞恥心で互いにどうしてよいのか分からない。

預言者の学校で老師が、「雅歌」から、性が男女を結ぶ神の創造の作品と教えてくれた。男女がお互いに惹かれ合う感情を隠さないで言い表し、お互いの存在を花と木でたとえ、ふたりが結ばれていく。それでもどこかですれ違いが起こっている。その理由も書いていない。しかしその愛は困難を乗り越えていく。お互いにより親しみを覚え、若人はおとめのからだの一つ一つを褒め称えていく。そこには羞恥心も遠慮もない。このただ男女の交流だけを唱っている「雅歌」が、神とイスラエルの民との交流を示していると老師が教えてくれる。性は神の栄光のためであり、神の民の存続のための神の手だてであると。

「雅歌」の存在は大きな慰めだ。また指針でもある。それでも性のことは恥じらいをともなう。どうしてもみだらな思いに駆られてしまう。聖なるものと思おうとしても、どちらかというと、いけないものと思ってしまう。同じ預言者の友も同じように戸惑っていることが分かる。話すことを遠慮してしまう。神の創造の作品である性が、最も醜いスキャンダルをもたらす。その矛盾に怖じ惑う。自分のなかで堂々巡りをしている。心がさらに暗くなる。

魚の腹の暗闇の中で、いずれは魚の餌になるのだろうかと心配しながら、何とも性に関する暗い場面だけが脳裏に浮かんでくる。自分もいずれは結婚をして家庭を持つのだろうが、性に関する暗い闇の部分は消えるのかと自問する。そんな問いが、答えのないまま行き止まりの標識の前で佇んでいる。しかし、今この暗闇でそんな自分の闇が浮かんできて受け止めることで、逆に光をいただいたようにも思えてくる。

預言者の学校では、同じ年頃の預言者の子どもたちと一緒であった。男生徒ばかりだ。欲求不満で、時には卑猥な言葉が出てくる。分かってもどうすることも出来ない。それでも勉強のほうは結構厳しかった。預言者だからただじっと神のことばを待っていればよいわけでない。神の民がどのようなことで神にそむき、神がどのように対応したのかを、神の民の歴史を通して学ばなければならない。どうして人間は神にそむいてしまうのだろうかと、老師が持ち出す。それに対して、ひとりひとり意見を述べなければならない。当然創世記の初めから議論することになる。神にそむいてしまった最初の人アダムのことである。

当初アダムとエバは裸であったが互いに恥ずかしいとは思わなかった。互いをそのまま受け入れていた。あの「雅歌」の世界である。それが罪を犯すことで自分たちを覆い、互いを隠すことになった。そんなことから始まって、神の民が神からそむいた歩みをしっかりと学ぶ。同時に、神が取られた取り扱いを詳しく学ぶ。すでに家庭でも聞いていたことであるが、神の対応をしっかりと頭に刻み込まれる。それは、神の底知れない忍耐であり、無条件の愛である。何度も反復させられながら、徹底的に覚え込まされる。預言者としてどのようにでも対応できるように整えられる。

整えられるといっても、それはキリスト教の神学校での訓練とは多少意味合いを異にしている。預言者の学校も神の民のことが記されている書物を大切にしている。自分たちの歩みが隠すことなしに記されているからである。記されたことを記憶し、その延長を生きていることになる。神学校では、その書物が時間的に完成された上で、クリスチャンとしてのあり方をその書物から探り出し、その指針に従って生きることになる。書物に記されていることは歴史的な事実として両方とも受け止めている。それでも預言者の学校は、それを記憶し、その延長線上に生きていることを確認する。連続性がある。神学校では、その歴史的な事実から生きる指針を探し出し、そこで見いだされた原則に従って、それを今こちら側に適用していく。非連続性になる。

記されていることを歴史的な事実として認めているのは同じであるが、その延長線上で生きるのと、命題を引き出して適用していくのでは、意味合いが随分異なってくる。そこに当然人種的、文化的、歴史的な違いがある。ユダヤ人は民族的にすでに、記されたことの延長線上で生きることが当然であると思っている。それに対して旧約聖書にさらに新約聖書が加わり、その上にギリシアとローマの文化と学問がその後の2千年のキリスト教の基盤になっているときに、距離を置いてみるのは当然といえば当然である。あまりに当然なので、自分たちの聖書への取り組みに関しては無批判になっている。

神学校の説教学で、釈義・原則・適用という方法を教えられた。釈義は聖書のテキストをその原語、ヘブライ語とギリシア語で読み解く作業である。預言者の学校ではすでに自分たちの原語でそのまま読むことができる。ともかく釈義でその言葉の関わりや、言葉の歴史的な背景を確認しながら、そこから教えられている原則を見つけ出す。たとえば、人間の罪深さと神の愛の深さという原則を探り出す。命題をテキストから導き出していく作業である。論理的な作業である。その原則、命題を現実の生活にどのように適用していくのかが説教のポイントになる。

まさに、前にも言ったように「初めにヨナの不信仰ありき」ということで「ヨナ書」が論じられている通りである。あのルターさえもそのように捉えている。神がヨナを通してなそうとしていることよりも、いつもこちら側の信仰のことが第一で、それに合わせてヨナの信仰の姿勢を捉えている。神経質なほどに自分たちの信仰のことに思いがとらわれている。ただ信仰の確立、救いの確信のためだけに神が存在しているかのようである。それが、2千年の正統的なキリスト教であると教えられてきた。

そこで展開されているのは、しかし、聖書の歴史的な世界から導き出されて抽象化された概念の世界である。生きた神を概念の世界に閉じ込めてしまうことである。それは、聖書の歴史性を基にしてながらそこから同時に切り離された精神的な世界である。神学の歴史は、その概念化された言葉の世界の練り直しの歴史でもある。その結果、自分の神学がより聖書的であると主張し、また自分たちの神学のほうがより包括的であるということで、他を批判し、場合において異端審問にまでなって争ってきた。無批判に、論理が聖書より勝ることになる。諸刃の剣になる。

聖書の歴史的な事実に対して、理性と論理への無批判の信頼である。それによって文明と文化が築かれてきた。文句のいいようがない。その恩恵を受けている。それでいてそのようにして築かれた社会や文化が、そして教会が、自分たちを絶対視して行く危険をはらんでいる。教会の歴史の陰の面は、異端審問の歴史でもある。西洋の論理は植民地政策や奴隷制を引き出してきた。文化と文明を誇りにしても、その背後でホロコーストがなされてきた。教会もナチスの全体主義に無力であっただけでなく、加担してきた面もある。その結果、西洋の社会と文化、そして教会は、内側の空洞化に直面している。深い自己反省の中にいる。

長い時間をかけて学んできたことが魚の腹の中では、全く無力だ。闇が心を覆い、学んだことも覆ってしまって生きてこない。魚の腹の中に閉じ込められていること自体納得がいかない。同じ学舎の仲間の生き方にもあっていない。どうして自分だけがこのような経験をしないといけないのか分からない。これからどうなるのかも分からない。このまま闇の中で消えてしまったらそれでもよいのかも知れない。誰にも気づかれないで、誰の記憶にも残らないで、色のない無色無名の世界に入るのかも知れない。

預言者として召され、預言者の学校で学んでいながら、学んだことも、経験も、自分の立場も、闇の中では何の力にもならない現実を知る。それなりに身に着けてきたものが何も役立たない。まして使命にふさわしい業績を残して人生を終わるわけでない。このまま闇の中で魚の餌になってしまうだけだ。それは色のない世界、想像したり、描いたりできるものは何もない。自分がただ無の世界にいるような気がする。すがることができるものは何もない。ただじっとして魚の動きに合わせるだけだ。

魚の腹の中は、まさに色はない。魚の動きに合わせてほんの少しだけ明るくなったり、暗くなったりする。海面に近づいたときには体が軽くなり、海の底に沈んでいったときには締め付けられたような感じになる。それでも一定の流れのなかにいる。温度もほとんど変わらない。ただ魚の内臓の動きに合わせて空気が旋回しているだけだ。しかし、その度にかすかな響きが届いてくる。自分の外で響いているのか、自分のなかで響いているのか分からない。内と外の区別が付かない。自分の延長が魚の境界を越えてどこまでも延びている。外の外にまで延びている。

その果てしない遠くから、見果てぬ地の果てから、忘却の彼方から、何かが響いてくる。静かにといっても、静かにしている以外にないが、ともかく耳を澄ませていると、その響きは実は自分の内側の深いところから、闇の奥から、遠い記憶の果てから響いているかのようである。風の動きに乗って、肌に触れる空気の渦に動かされて何かが響いてくるようである。また心の襞が触れ合い、うねる波を起こし、その響きを明瞭にしているかのようである。その響きは、かつて自分たちの先祖たちが歌い続けてきた歌を思い起こさせるかのようだ。

1 自分の神、主《しゅ》に祈った。

2 「苦しみの中から、私は主に叫びました。

すると主は、私に答えてくださいました。
よみの腹から私が叫び求めると、
あなたは私の声を聞いてくださいました。
3 あなたは私を深いところに、
海の真ん中に投げ込まれました。
潮の流れが私を囲み、
あなたの波、あなたとの大波がみな、
私の上を越えて行きました。
4 私は言いました。
『私は御目の前から追われました。
ただ、もう一度、私はあなたの聖なる宮を
仰ぎ見たいのです。』
5 水は私を取り囲み、喉にまで至り、
大いなる水が私を囲み、
海草は頭に絡みつきました。
6 私は山々の根元まで下り、

地のかんぬきは、
私のうしろで永遠に下《お》ろされました。

心深くに刻まれている歌がある。闇の響きで生き返ってくる。それは家族のなかで繰り返し詠われ、唱えられ、瞑想されてきた詩である。遥か遠い昔から、何世代にわたって自分たちの詩として受け継がれてきた。遥か彼方の過去から、先祖たちが生活していたいにしえの場所から響いてくる。その意味で外から届いているが、すでに内に刻まれているので、自分の唄のように湧き上がってくる。外と内が一つになってより明瞭になってくる。それは、はるかに厳しいところを何度も経験してきた民の唄である。

苦しみと困難と絶望のなかを何度も通過してきた先祖が、その度に思い起こし口ずさんだ詩《うた》、それは、あの400年のエジプトでの奴隷の状態から救い出された日のこと、海を渡り、荒野で40年彷徨《さまよ》い歩いていたこと、その道中で律法をいただきながらなおそむいたこと、ヨルダン川を渡って約束の地に入ったこと、それから今に至るまでのことである。そんな詩《うた》が、先祖たちからも、家族のなかでも詠《うた》われ、自分自身も折あるごとに詠ってきた。詠うことで、自分たちの通った道を思い起こし、心が開かれてきた。それはそのまま神である主を思い出すことであった。

詩《うた》が、主を思い起こす手だてとして受け継がれている。エジプトでの奴隷としてのうめき、解放された喜び、なおまた40年の荒野で水を求め、食べ物を求めたつぶやき、その一つ一つが詩《うた》を通して歴史として引き継がれている。詩《うた》が記憶として、記憶が唄として血となり肉となっている。心の襞《ひだ》に埋め込まれ、記憶の貯蔵庫にしっかりと納められている。それは宝である。何ものでも買うことができない記憶の宝である。


単に知的な作業で身に着けたものは、困難のなかではそり落とされて、何の力にもならない。そこには詩《うた》もなく記憶もないからだ。それで預言者の学校では、記憶を生み出した歴史を辿ることをいつも大切にしてくれた。記された歴史を繰り返し振り返り、思い巡らすことをした。そのように自分たちも歴史の一部であることを確認する。反復と差異の歴史である。その歴史は、神のものであり、その記憶は、自分たちのものである。

知的な作業では、その歴史は記された書物としてそこにある。しかし、記憶としては受け継がれてこなかった。あらためて書物を通して学ばなければならない。神の歴史は理性の対象に過ぎず、生きた歴史として、心に刻まれて受け継がれることがない。困難に直面したときに力にはならない。自分の不信仰を責め、ただ信仰を奮い立たせるだけだ。

神の民は詩の民でもある。記憶が心の襞に触れて、波打ちつつかすかな響きをもたらし、渦巻きしながら音を奏で、ことばが浮かび、それにメロディーが重なって、詩を生み出してくる。過去の悲しい記憶と、未来への信頼と希望を讃えた通奏低音である。「夜には私の歌を思い起こす」（詩篇77：6）という神の民は、ひとりの人に思い出された詩が、同じように別な人の心にもあり、自然に共鳴していく。時間的にも、空間的にも詩は広がり、受け継がれていく。「私の詩」は、神の民の詩でもある。

何とも哀愁をたたえた神の民の詩、絶望の淵に追いやられ、崖淵で何とか思いとどまって、神に向かっている民の詩、そして実際に破局を迎え、破滅のうちに消え去った家族を、そして民を思い出して、それでもなお神の民としてくださっている主にのみ信頼している詩、過去がどのようなものであっても、なお来たるべき救い主の到来に期待をかけ、待ち望んでいる詩、心に静かに浸透してきて、知らないうちに共鳴して心がついていく詩、そんな詩が自分の内側にも響いてきて、湧き上がる泉のように浮かんでくる。

一度浮かんでくると、尽きることのない泉のように湧き上がってくる。詩《うた》に合わせ、そのつどの場面も絵巻のように浮かんでくる。そんな場面と歌を心で思い巡らし、反芻しているど、その詩がいつの間にか自分の口からも湧き出ていることに気づく。記憶を辿りながら、その記憶に合わせて詩を唱っている自分に気づく。それに気づくと、自分も民のひとりとして生かされていることを確認する。不思議な共有感、安心感。このまま魚のなかで人生を終わるかも知れない、それでも構わない。あるいはエジプトから救い出された民のように、救い出されるかも知れない、それも構わない。今はただ心に浮かび上がってきた詩を唱おう。神に向かって歌おう。

神への詩は告白でもある。その詩の場面に自分の心を託し、同意し、納得して詩う告白である。過去形であっても、過去にそのように告白した民に自分の心を託して詩っている「私の詩」であり、祈りである。かつて神は困難のなかで助けを求めたときに祈りを聞いてくださった。その通りに自分の祈りも聞いてくださる、と祈る。民の祈りが自分の祈りとなる。時間と時代を超えて共鳴する祈りのシンフォニーである。

確かに自分は海に投げ込まれた。荒れ狂う嵐の中で大波に飲み込まれて、海の深みに吸い取られるように一気に落ち込んだ。もう駄目かと思った。波のうねりに翻弄されて何度も上がったり下がったりして、なすすべがなかった。息ができない。それでも海面に出てきたときには、何とか息をすることができた。しかし一瞬のうちにまた海の底に引き戻され、ただ真っ暗な深淵のなかを彷徨った。海草が自分の体に絡まって来て、身動きができない。それが思いがけず、今このように息をしている。嵐がうそのように、魚の腹の中は静まりかえっている。

嵐のなかを通過した現実が、同じような経験を歌い上げてきた先達にも通じていることに気づく。遠い先祖たちがあの大波のなかを通過して400年の奴隷の状態から抜け出してきたのだ。海が割れて、海水が壁のよう立ち止まっている中を渡ったのだ。大きな波と凄まじい轟きは忘れることができないだろう。追ってきたパロの軍勢がその大波に飲み込まれて、死体となっているのも見た。そのようにして助かったのだ。そんな経験が民たちの間で語り伝えられ、歌い続けられ、今確かに自分にまで届いている。

6 しかし、私の神、主よ。
あなたは私のいのちを
滅びの穴から引き上げてくださいました。
7 私のたましいが私のうちで衰え果てたとき、
私は主を思い出しました。
私の祈りはあなたに、
あなたの聖なる宮に届きました。

[8]空しい偶像に心を留める者は、
自分への恵みを捨て去ります。
[9]しかし私は、感謝の声をあげて、
あなたにいけにえを献げ、
私の誓いを果たします。
救いは主のものです。」

鹿が谷川を慕いあえぐように、神を求めて渇いている。そして神を思い起こす。ヨルダンの地から、ヘルモンの地から、またミツァルの山から、主を思い起こす。記憶そのものが神からの宝物のように思い出す。そして、あたかも記憶が神のものであるかのように語りかけてくる。先祖たちが経験した海と自分が経験している海が重なり、祈りが出てくる。「あの海は、主よ、あなたのものなのです。私をおおい、私の上を越えていった大波も、それはあなたのものです。先祖たちが経験した海も私が今経験している海も、あなたのものです。そのようにあなたを思い起こします。私の詩《うた》として、祈りとして。」

絶望の淵からの祈り、泥沼の底、大水の底からの祈りが出てくる。水が喉まで押しつけ、このまま人生が終わってしまうかも知れない。抜け出すことのできない苦しみのなかからの救いを求める詩《うた》として、祈りとして生きてくる。その大波が、まさに神のものとして働いて、自分たちは救い出されたのだ。その原体験が、あたかも神によってインプットされた遺伝子のように、その都度絶望の淵から生きてくる。

記憶は自分のものであるが、その記憶に神は働きかけてくる。あたかも神の所有物のように働きかけてくる。記憶はもともと神のものかも知れない。自分のものだと思っているが、神のものなのだ。思考や意識が概念や体系として堅く固められているときには、記憶は内に閉じ込められたままだ。しかし、どうにもならなくなってそのような外側を手放すと、内側に潜んでいた記憶が動き出す。静かに波打つように襞が動き、振動し、記憶を温めてくれる。神の霊が記憶の襞に働きかけて波を起こし温めてくれる。そして、神への慕わしい思いとなり、聖なる宮を思い起こす。宮を慕う祈りとなる。

聖なる宮、それは先祖たちが絶えず慕い求めている住まいのことだ。ただひとつのことを願うとするならば、主の家に住むこと、その聖なる宮で思いにふけることだ。今それがかなうかどうか分からない。このまま魚の腹の中で餌となってしまうかも知れないのだ。そう考えると心は萎えてしまう。それでも今は、静かに神の宮を思い起こすことができる。そこで思いにふけることを切に願う。その願いを詩《うた》とし祈りとして、神に捧げる。

思いが雪片のように浮かんできて、それを口で言い表してみる。遠い先祖たちの心の内にもあったものが、自分のなかで結晶のようにまとまりを持ってくる。それを自分のことばで言い表す。誰かが聞いているわけでもない。ただ神に向かって、神のなされたことを繰り返す歌である。同時に願いとして、祈りとして、遠慮なしに言い表すことができる。自分に言い聞かせ、納得させるように。

同時にそれは、自分を言い放つ祈りでもある。先達《せんだつ》たちが経験したことに自分を解き放ちゆだねる祈りだ。かつて民たちは覆い被さる大波のなかを通って救い出された。同じことが自分に起こるかどうかはどうでもよい。ただ思い切って言い放つのだ。自分では今の状況を変えることはできない。あとは神にゆだねるだけだ。救い出されるかどうかは神のことだ。

魚が海面近くに浮上して、空気が少し軽くなり、明かりが近くまで届いているような経験を何度かした。それで一日が終わって次の日になっているのか、その辺の時間の感覚はない。どれだけの日にちが経ったのかも定かでない。一日以上経ったことは確かである。それはどうでもよい。あとは神のなすことだ。今は先祖たちがそうしたように神を思い起こし、神のなされたことを思い巡らすだけだ。

暗闇に閉じ込められているが、心の眼はかつての民たちの歩みを観ている。そのイメージが遠くからやってきて、目のなかの薄いスクリーンに映し出されている。そして、同じ映像を先達たちも苦しみの時に、夜に神の前に出て同じスクリーンで観ていたのだろう。民たちが神によって救い出された時を、その日を心のスクリーンで観ることができる。それが記憶として、力となってくる。口で言い表したことで、このようにより鮮明になっている。それだけでなく、言い表したことで自分を解き放つことができた。それでよい。

思いが吐き出されて、落ち着きをいただく。一瞬空白になったような感じだ。それでもある種の豊かさが漂っている。降り続いた雨のあとに黄金色に輝く夕陽に地がおおわれるように、心が満たされる。そんな情景を子どもの時から何度か見てきた。思いがけない情景、いつまでも続くものではないが、その印象はしっかりと残っている。そんな情景に驚く。驚くと同時にそれに見とれている自分がいる。

その情景を先祖たちも見続けてきたものであろうと気づく。何かに結びついている感覚である。神の民たちの歩みの連続のなかにいるのだ。空間的には全く別の世界に隔離されていながら、連帯感で結び付けられたことを知る。その確かさが重しのように自分のなかにある。歌い終わり、祈り終わって、じっとしていても何かこのままでは終わらないような気がする。

あるいはまた、このまま終わるかも知れない。それでも、自分の歩みがすでに神の民たちの繋がりのなかにあることも確かだ。

10 主は、魚に命じて、ヨナを陸地に吐き出させた。

どれだけの時間がたったのか分からない。もはや暗闇も気にならない。どれだけ、どこに、ということが意識から消えている。消えているというか、時間と空間のなかに溶解しているようだ。自分を超えた時間と空間の一部になっている。乖離ではなくて、親密感である。どこかに、誰かにしっかりと結びついている感覚である。時間の充実感であり、空間の充足感である。これからどうなるのかは、今はどうでもよい。その充足感のなかに漂っているだけだ。

突然空気が渦巻きだして、からだが吸い取られるように宙に浮く。押し出されるような、あるいは吸い取られるようにからだが動き出す。どこに行くのかは分からない。ただ流れに身をゆだねるだけだ。湿った空気から徐々に乾燥した空気に変わってきている。慣れ親しんだ風にからだが包まれている。重力に従って下降していくのが分かる。気づいたら陸地の上にいる。

5　吐き出されてヨナは（三：一～三a）

1 再びヨナに次のような主のことばがあった。
2 「立って、あの大きな町ニネベに行き、わたしがあなたに告げることばを伝えよ。」
3 ヨナは、主のことばのとおりに、立ってニネベに行った。

魚の腹から吐き出されて、次に何をすべきか、火を見るほど明らかだ。あのニネベに行くことだ。何の迷いも、ためらいもない。目の前に広がる砂漠があり、荒れ地があり、もしかすると盗賊が待っているかも知れないが、神が行けというならば、そうするだけだ。その道がどれほど長く、大変であっても関係がない。自分だけが見える道が敷かれているのかも知れない。それはどうでもよい。目的が果たされるための道筋に過ぎない。目的が至上命令なのだ。それで、どのような旅をしたのかは記す必要もなかったのだ。

それでも自分がどのような思いで旅をし、どのような道筋を辿ったのかは、興味をそそることだろう。それは想像以上に長い距離の旅なのだ。吐き出されたのは地中海の海辺である。多分ヤッフェ（ヨッパ）かその近くであろう。そこからあのニネベへは——、

東海道五十三次と奥の細道を足したぐらいの道のりであろうか。今流には大阪から、本州の果て青森までぐらいであろうか。今日明日とか、一週間後に辿り着くと言うものではない。気が遠くなるほどの旅である。新幹線があるわけでない。東横インがあるわけでない。知人がいて泊めてもらうことは一、二度あったかも知れない。それでもコンビニがあるわけでない。駅弁も立ち食いそばもない。

ミニストリーで日本を南は熊本から北は北見まで旅をしている。幸いにJRパスというものがあって、その期間は乗り放題なので、時刻表とにらめっこをしながら、結構自由に移動ができる。40年ほど前はKGKの東北の主事として移動をしたが新幹線はまだなく、ゆっくりとした旅だった。今は東京駅で新幹線に乗ると日本を放射線のように移動できる。駅弁もあり、おにぎりもあり、コーヒーもある。そんな旅をしている者にとって、あのヤッフェからニネベにどのような旅をしたのかは気になる。気になって仕方が

ない。どのような思いで毎日を歩いていたのか、人ごとのように思えない。

それでも実際には、ニネベにどのような思いで行ったのかは神にとっても関係ない。目的が果たされることが至上である。ニネベに行って神のことばを語るだけである。そうなのでこの気の遠くなるような旅について何も記されていなくても構わない。苦労も心配事も関係ない。一本筋が砂漠と荒れ地に敷かれているだけだ。どのようなことが起ころうとただその道を歩み続けて目的地に辿るだけだ。途上のことは二の次だ。それは分かっている。それでも旅の途上の思いは誰かに届いていく。痛いように伝わっていくものだ。

吐き出されて地に降り着いたときに、何か身体的な変化はあっただろうか。三日三晩魚の腹の中いたら何か影響が出ているのではないか。友人の医師に聞いてみた。胃の咀嚼《そしゃく》があって皮膚は漂白作用で真っ白になるだろうと。実際にどうなったかは自分ではよく分からない。ただこのままではあの灼熱の太陽の下で旅をするのは難しそうなので、皮膚感覚が戻るまでしばらく木陰でじっとしていた。目があの射るような太陽の光に慣れるのにもその方がよい。こういう知恵は荒野で育ったからだ。またからだが教えてくれる。

ヤッフェもニネベも、当時の主要都市である。商業による流通はあっただろう。行き来の道も、いくつかの町も宿もあっただろう。それでも一端ヤッフェを外れたらあとはしばらく砂漠と荒れ地、道とは言えないような道である。それをただ毎日のように歩き続ける。それだけの体力も気力も備わっている。苦にもならない。いずれそんな旅をすることになる体力のある者を、神は初めから選んだのだろう。

その旅がたとえ一年かかっても、ともかくニネベに行って言われたことをするだけだ。それが自分の人生だと思う余裕すらない。あとは神の責任だ。それでも自分しかやる人はいない。誰が代わってくれるというのだ。預言者としての使命をいただき、その上に特別に神に呼び出された。今になっては逃げようもない。ただ果たすだけだ。責任問題だ。あとは神が面倒をみてくれる。

結構ストレスもある。しかし一端心が決まれば、あとは一歩一歩目的地に向かって歩くだけだ。どれだけ長い旅路なのか、どんなことが起こるのか、食べ物と飲み水はどうなるのか、枕するところはあるのか、盗賊に出会うのか、毒蛇が出てくるのか、ライオンが出てくるのか。心配しだしたら切りがない。その心配だけで参ってしまう。そんなストレスに耐える精神力をいただいている。思い通り行かないことには反発しても、一度納得すればあとは忍耐を持って成し遂げる力をいただいている。

旅の途中で出会う人も自然も新鮮だ。旅で人と出会うのは、どのような理由でその人が旅をしていようとも、少なくとも同じように旅をしているという、それだけで心が和む。行き交うときに目を合わせたり、軽く挨拶をしたりするだけで、一人ではないことを知る。時にはちょっとしたきっかけで話が始まることがある。旅慣れている年配の人が当然のように声をかけてくる。

「お若いの、急いでいるようだけれど、ニネベにもいくのかね。ニネベはいい街だよ。若い者には楽しみがいっぱいあるね。でも気をつけないと悪乗りにあって羽目を外してしまうよ。見たところあのエルサレムとかいう町にいる民族の人のように思えるけど、どうしてこの道を通っているのかね。地中海沿いの町から海産物を運んでいるようでもないが。」

「確かに事情があって、地中海まで行ったのですが、そこからニネベに行くことになって、急いでいるところです。それにしてもこの道は遠いですね。お宅さんは何度もこの道を通っているようですが、あとどのくらいかかるのですかね。」

「ちょうど中程だね。これからは結構荒れ地も山道をあるけれど、お若い足ではそんなに苦にならないだろう。何か特別な理由があるようだが、気をつけてお行きなさい。」

「ありがとうございます。お宅さんもお気を付けて。」

そんな会話が旅を潤してくれる。疲れを忘れさせてくれる。旅の先からの未知の空気を運んでくれる。その人が先に見て感じたものをこれから体験することになる。旅の先を想像する。共有感が風に乗って届いてくる。また。自分の通り過ぎた景色をその人も見るのだろうと想像する。仲間意識が芽生えてくる。

日本海の酒田で日曜の朝に秋田行きの特急に乗った。土曜日の集会を酒田でして、その教会に泊めていただいて、日曜の礼拝のために秋田に向かうために、大阪から来た寝台特急の自由席に乗り込んだ。同じように荷物を持った若い人が乗り込んでき、適当な場所を探していたようなので、ここは空いていますよと誘った。それで会話が始まった。女性ものの小物の行商をして関西方面から旅をしているということであった。これから礼拝に行くことと、アメリカから来て旅をしながらこのような働きをしていると話し合った。この人もいつも旅をしているが人と話し合うことはほとんどなく、随分新鮮に感じたようだ。名刺を交換してしばらく年賀のやり取りをした。

それでも旅は孤独である。独り言を言いながら旅を続けるだけだ。そのように内側だけを見つめていても、思いがけなく出会う自然に目が留まる。荒れ地の山筋に咲く百合の花は、自分を待っていてくれたかのようだ。誰にも見られないで一人寂しく咲いている百合の花に、じっと足を止めて見つめてしまう。対峙しながら、心が通じてくる。見慣れた景色でありながら、一瞬にして心に刻まれ、慰められる。何かの拍子に思い出し、さらに旅の慰めをいただく。いつまでも心に残る。一人旅の特権である。

生まれ故郷を出て示された地へ旅を続けたアブラハムとその一族も、エジプトを出て約束の地をめざして旅をしたモーセとその一族も、思いがけない自然に出会ったことだろう。それでもそんなことは、何も記されていない。記す必要もなかった。あるいはそんな余裕もなかったのだろう。家族を連れての長い旅であった。毎日食べていくだけで精一杯だったろう。子どもの病気があり、家族の死をも迎えたであろう。まさにサバイバルであった。花も夕陽も眺めて感傷に浸ることはできなかった。それでも心に残る景色をいただいていただろう。それはしかし、砂漠と荒野の記憶であった。

山形新幹線ができる前に、今は「村山」という駅名になっているが、当時は「楯岡」という名の駅で、初秋の暖かい日につられて赤とんぼが舞い戻ってきた。ホームの脇に静かに止まって、そのままじっとしていた。閑散としたホームでひとりであったが、旅の仲間をいただき、一人旅でないことを知った。列車を待っている間、じっとそこにいてくれた赤とんぼが、永遠の記憶のように今もよみがえってくる。

旅は、過去を振り返らせてくれる。そんな昔のことではなく、比較的最近起こったことを思い出させ、その意味を問いかけてくる。旅がなければ忘れたままであることを思い出させる。日常生活に埋没してしまう自分を掘り起こして、その意味を問いかけてくる。旅は文字通りに自分の世界から出て、別の世界を旅することになる。日常の自分と断絶して、身に起こったことを振り返ることになる。

しかもその旅は、出てきたところに戻っていく旅ではない。過ぎ去った身近な過去を絶えず振り返り、その意味を問いかける。そして問い続けると言うことは、その過去に戻るためではなく、答えを先に求めることになる。旅自体が人生であるとすれば、答えをいつもその先に求めていくことになる。落ち着き場があって、その上で旅に出て、また戻ってくる気楽な旅ではない。自分たちはひたすら旅する民なのだ。

落ち着き場を持っていつもそこに帰ることができる者には、旅は感傷的なものに過ぎない。しかし、決して戻るところのない旅をしている者にとって、旅は裸の現実である。隠れることができない。隠すことができない。逃げることができない。留まることもできない。

自分を整えることもできない。体を休めることもできない。傷を癒す場もない。死者を埋葬する場もない。まさに、さらけ出された裸の状態である。

そんな旅を、エジプトを出て40年もしてきた民にとって、ヤッフェからニネべへの旅は特別なことではない。神の民であれば誰もが経験してきたことだ。経験していなくても先祖や親から、生き方として聞いている。それで実際に気の遠くなるような旅であっても、あえて語ることも、記す必要もないのだ。ただ時間的に、時代的に、民族的に、文化的に全く違っている者にはどうしても気になるのだろう。それぞれの枠で想像したくなるのだろう。

同族の哲学者が、アブラハムの戻ることのない旅と、オデュッセウス（Ὀδυσσεύς）の故郷への帰還の旅を、ヘブライ人とギリシア人との基本的思考方法の違いとして示している。一般的にヘブライ的な水平思考とヘレニズム的な循環思考との違いと言われる。その違いをここにいたってより知ることになる。

ギリシア的、ヘレニズム的な循環思考では、その循環の輪は、一回りすることで完成する。時代ごとに輪を完成させ、体系を築き、その時代の生き方を形成している。次の時代は前の時代の輪を多少修正しながらより完成されたものを求める。あるいはこの輪がよい、いや自分たちの輪がより完成していると比較しながら、よりよいものを探求する。また、それが可能であると信じている。

ヘブライ的な水平思考では、後ろのものを踏み台にして、前に前進していく。完成はその先に約束としてある。完成とは思わない。自分たちが作り上げるものでないからである。ただ約束のメシアを待ち望んで絶えず進む。それまでも信じて進んできたことで、次の展開も開かれることを待ち望む。過去のことが記憶として伝わっていく。その記憶をたよりに、約束を信じて前に進んでいく。


自分一人の旅であるが、そんな感覚が鮮明によみがえってきて、かつて先祖たちが歩んできた旅と重層してくる。その重さに押し出されるように一歩一歩、ただ黙々と歩みを続けている。あたかも自分が神の民を代表しているかのように、また民の重荷を背負っているかのように旅を続ける。循環思考のなかにいる人は、その出てきたところに戻ることだけを考えていればよい。つまり慣れ親しんだ故郷とその日常性に戻ることである。

今自分は日常性に戻るための旅をしているのでない。ニネベへ向かっているこの旅の向こうで何が展開するのか分からない。ただ前進するだけの旅である。その前進を促しているのは、ヤッフェの先の海で自分の身に起こったことである。あそこで人生は終わると思った。終わっても当然であった。それにも関わらず、吐き出されて、今旅をしている。目の前の陽に照らされている荒地が事実のように、それは紛れもない事実である。

ヤッフェの先の海で真っ暗な生き物の腹の中にいた。多分三日三晩であったろう。真っ暗な中で時間の感覚もなかった。夜があり、朝がありという感覚がないのだ。当然時計もない。多分そのくらいの間隔であったろうと思う。ともかく、海のなかで大きな魚に匿われるようにしばらく時を過ごした。真っ暗闇の中だった。それが今は、焼け付くような太陽の下で旅をしている。

このコントラストが、今の自分をより深く振り返るように仕向ける。上を見上げれば真っ青な空に雲一つなく太陽が焼け付くように照っている。それでも眼の後ろというか、脳裏にはあの海のなかでの真っ暗闇が焼き付いている。太陽がどれほどその光を眼の中に送り込んでも、そこにまでは届かないひっそりと隠れている闇である。光がその手前で消え失せて、その先で何かのしるしのようにじっとしている闇である。魚の中の暗闇では識別できなかったそのしるしを、今逆に太陽の下で感じ取ることになる。

海に投げ込まれた時点では、預言者としての使命に自分なりには忠実であったと思っていた。ただ思いもよらない神の声がかかってきて、形としてはそむくようになってしまったただけだ。それで、そのまま自分の使命を終えることになっても後悔はない。家族も、同僚たちも納得してくれるであろう。これが自分の人生だ。少なくともそのように思っていた。

そんな覚悟で、嵐の海に投げ込まれたのだ。大波で海の底に引き込まれ、また引き上げられ、意識が薄くなってきた。それで何かに捕らえられたように引き込まれていったのをかすかに覚えている。長い管を通って別の空間に下っていったのを思い出す。海水の肌を打つような冷たさとは違う生暖かい感じがした。今は太陽の下で肌は乾燥し切っているだけ、その生温かい感触はしっかりと残っている。残っているだけ、その意味を考えることになる。

どこかに辿り着いた。生暖かい湿った空気が漂っていて、ゆっくりであるが呼吸することができた。手をこすり合わせ、顔を擦り、自分の存在を確かめた。足の先を動かしてみると、見えないが、確かに動いているのが脳に伝わってきた。ようやく生きている感覚が湧いてきた。まだ死んでいない。それは自分にとってよいことなのだろうか。しかし選択の余地はない。そんなことを思った。

ただじっとしていた自分を思い出す。どこを見回しても真っ暗闇だ。それでも何かが見えるだろうかと、じっと佇んで様子を見ていた。今は太陽の下で何も隠せないほどにすべてがさらけ出されている。しばらく前は考えられない闇の中にいた。その格差が信じられない。

それで太陽の下で、あのからだに染み込んだしるしのような闇を、どうしても振り返ることになる。

何かに囲まれながら動いている感覚があって、大きな生き物のなかにいることが分かった。浮かび上がって、多少光の近くに来た感覚になる。それでも何かが見えるわけでない。からだが浮上しても光の感覚がないときがあった。それで外というか、海の上は夜だったのだろう。今思い出して数えてみると、夜と昼の繰り返しを三回したことになる。闇の中でも時間の流れに注意を払っていたことを思い出す。多分自分の存在をそうすることで確認したかったのだろう。

そんな繰り返しのなかで、闇の中でも目は少しは慣れてきて、周りが、襞のようなもので覆われている壁のようになっていることが分かった。襞のようなものが幾重にも重なり合って、空気の流れに合わせるように揺れていた。外は冷たい海水であっても、中は居心地のよい風が回っていて、ホッと息を深く吸い込んだことを思い出す。生きているのだと気づいたのだ。

そのように生きている事実を、闇の中で確認することになった。それでさらに、何かのために生かされているのだと考えるようになった。闇が、心の深くに隠されていていた何かに触れることを助けてくれた。闇の中では隠す必要もないし隠せないのだ。心の闇と外の闇の境界線はすでになく、心に浮かんでくるものだけが真実になる。心の語ることに耳を傾けた。そんな心で神に祈ったのだ。それは今太陽の下でも、偽りのない自分の心であることを知る。

闇は自分を正直にさせる。見えるものや形で惑わされることがなくなる。神の民の預言者という立場と役割、そのために受けた教育と訓練があって、それが使命だと思って枠にこだわっていた。しかしそれを捨ててもいいと思うようになった。使命に反することになっても、今このように生かされている以上、神から言われたことをそのまま実行したらいいのだと思った。それで家族や同僚に何を言われても構わない。今は言われたとおりのことを果たすだけだ。そんな覚悟を海でしたのを思い出す。

それも結構難しいことなのだ。どれだけ神に忠実であると思っても、それぞれの群れが出来上がると、その群れの共通理解が支配的になる。その共通理解も神から出ていると言われて、揺るがされない枠になって群れを縛ることになる。その枠を越えたことの可能性さえも、神の名の下に排除されることになる。そのようにして同じ神の名の下に、それぞれの正当性を主張する群れが出来上がる。そして、それぞれのコンセンサスを忠実に果たす者が信仰深いと評価される。
そんな預言者の群れのなかで自分もそうであろうとした。それ自体悪いことでなくても、それだけに思いが捕らえられていたのだ。しかし、真っ暗闇を通過して、そんな枠よりもっと大きなものに巻き込まれていることに気づいた。それを認めないわけにいかない。そのまま死んでもおかしくなかったのだ。その死そのものといえる闇の中で、次の進展が自分を待っているように思えてきた。ともかく闇を通して生かされたことは、頬をつねれば痛いのが事実であるように、事実なのだ。今はただ、ニネベに行って言われたことをするだけだ。

そんなことを思いながら旅をしている。それが何をもたらすのか分からなくても、ともかく言われたことをするだけだ。ただあの闇が、神の前の自分であることを納得させてくれたのだ。そんな覚悟を与えてくれたのだ。真っ暗闇を、どれだけの長さかは分からなくても、通過することで、その前とは違った自分になることを教えてくれる。闇は死を象徴しているからだ。

その闇の記憶は、この焼け付くほどの太陽の下で旅をしていても、決して消えることはない。それは内蔵の裏側の襞の見えないところにひっそりと隠れている。闇のぬるりとした感覚が、からだのどこかにいつも住みついている。何かの拍子に眼の網膜にあの闇の中で過ごしたときのことが浮かんでくる。何もない、ただ闇だけの情景、それが情景とは言えない情景、それでも浮かんできて逃げることのできない闇の情景なのだ。

闇を経験したことは良かったと、一歩一歩目的に向かって進みながら納得する。それにしても、あれは見たこともない大きな魚の中だったと思う。タルシシュへ逃れれば神からも自由になると思った。それなのにその魚の中に閉じ込められた。それでも息をすることができ、実際には匿われていたのだ。襞に覆われた壁のようなものに守られていた。

その闇と比較しようのない灼熱の太陽の下で、今も生き延びている。その事実が自分をニネベに向かわせてくれる。その確信の深さに比例して足が前に向かっていく。見回せば荒野と砂漠だけで、澄み切った空には雲一つない。幸いにところどころに湧き水があって、乾きを潤してくれる。生まれ故郷の自然とそんなに変わらない。どのように生き延びたらよいのか分かる。時には大きな荷物を積んでいる荷車を押して上げて、食べ物をいただくこともある。砂漠と荒地でのサバイバルである。

昼間は焼け付くような太陽の下でも、砂漠の夜は、昼間の熱気はさっと消え去って、冷気が待っていましたとばかりに覆ってくる。遮るものがないのだ。空気がそれほど澄み切っている。夜空には星が手に届くほどで話しかけたくなる。あるいは見守っていてくれて孤独感はない。湿った夜気にじっと覆われて視界がないと、逆に身震いするほどの恐怖が襲ってくる。何かが突然襲ってくるかも知れないし、誰かに見られているかも知れないと恐れる。それが満天の星の語らいに覆われていると、自分もその一部になったような感じで安心して休むことができる。

旅で知り合ったベドウィンの家族からいただいた毛布に身をくるまっているだけで、何とか寒さをしのぐことができる。そのようにからだを鍛えてきたし、小さいときから慣れている。今は特別の使命に仕向けられていて、その目的を果たす責任感のゆえに、自分が大きなものの一部になったような感じをいただく。一日歩き続けて身体は疲れているが、内には一種の緊張感を覚える。そのためもあって、ひとりで満天の星の下で休んでいることにも充実感さえ覚える。

夜空でからだを伸ばして休んでいると、故郷で同じように時にはひとりで、時には仲間と夜空を見ながら過ごしたことを思い出す。神の家族で育っても、時にはひとりになりたくなる。また時にはひとりで夜空の下で過ごすことが訓練の一つでもあった。初めは怖さがあったが、星を静かに眺めているうちに、恐ろしさより親密さを感じるようになった。その親密さは創造主との近さであり、預言者としての身分と使命への確認でもあった。当然先のことが分からなくても、創造者に任せる特権を感じた。人生が自分を越えた力に動かされている感謝でもあった。

違った人生があったかも知れない。たとえ預言者として召されたとしても、それなりにやっていればみんなの陰に隠れて、こんな面倒なことに巻き込まれないで済んだかも知れない。仲間に受け入れられて、みんなの面倒を見て、それで役立つものとして評価されて、落ち着いた人生を送ったかも知れない。それが多少体力があったからかも知れないが、思いがけなく神に呼び出されて、このようなことになっている。夜空を見上げながら、家族のこと、同僚たちのこと、これからのことと、とりとめもない思いが脳裏に浮かんでくる。それでもそこに戻る旅ではないのだ。ニネベに行かなければならない。

旅についてのその人のイメージは、その人の生き方を示す。逆に言うと、その人の生き方がどのような旅をするのかを促している。ひとつの山があるとそれを登りたくなると言われた方のことを思い出す。その山を登り切るとまた向こうに山が控えていて、その新しい山にさらに登りたくなるという。その方の生き方を思い見ると、ひとつひとつの困難をしっかりと登り切って、次にまた困難があってもそれをまたしっかりと登っていく、そのような確かさを感じる。

今ニネベに向かって旅をしながら、そんな使命感を確認する。たとえ故郷が恋しくなっても、母の料理を口にしたいと思っても、ともかく今はニネベに行くことだ。使命感がかつては、ヤッフェに逃げるようにさせたが、今はニネベに向かわせている。相当な距離で、途中で故郷に足を向けようと思えば、それもできる。しかし神の使命を受けた者が、その道筋がどれほど困難であっても、その目的地に向かい進んでいく姿に自分を重ねることができる。今は神の使命をいただいてこの旅に出ているのだ。

この文章を書いている者の妻の家族も1959年に、当時13歳であった妻を筆頭に4人の子どもを連れて日本の宣教に向かった。太平洋を2週間にわたる船の旅であった。今では船旅は豪華なイメージであるが、当時は貨物船に付いている客室で船酔いに苦しみながらの旅であった。北見の友人宅の近くにピアソン記念館がある。宣教のため日本までできて、さらに北の果ての北見にまで旅をした。船でオホーツクの港に到着して、そこから馬車で北見に入られた。その記念館は宣教のための住まいであった。記念品を見て、記録を読みながら、よくそんな旅をされたものだと驚いた。世界中のあちこちに多くの宣教師がそんな旅をしてこられた。アブラハムから始まって今に至るまで、神の民の旅は続いている。

ヤッフェからニネベへの旅は、何も記されていない。当たり前なので記すまでもないのだ。誰もがそのような旅をすることになるからだ。神の民は、神の目的が全世界に果たされるために、生まれ故郷を出て旅をしなければならない。出てきた故郷に戻ることのない旅だ。その旅がどれほど困難なものであるかはすでに身に染みるほど分かっている。しかも今は自分もその旅をしているのだ。記すまでもないのだ。それでも旅は想像を駆り立ててくれる。

6　ニネベに到着してヨナは（三：三b〜一〇）

[3]ニネベは、行き巡るのに三日かかるほどの非常に大きな都であった。
[4]ヨナはその都に入って、まず一日分の道のりを歩き回って叫んだ。「あと四十日すると、ニネ
べは滅びる。」
[5]すると、ニネベの人々は神を信じ、断食を呼びかけ、身分の高い者から低い者まで粗布をま
とった。

どれだけ長い旅でもその目標、目的地がはっきりとしていると、耐えることができる。同時に、それだけの意志の強固さが生まれてくる。さらに、やり遂げるための内側の確かさが支えになる。遭遇する困難をも乗り越えることができる。無記名な長い旅を成し遂げるだけの強靱な身体も、精神的な強さもいただいているのだ。

それでも目的地が見えてくると心が躍る。同時に緊張もする。心の帯を締め直して自分に言い聞かせる。「まもなく到着しそうだ。ここまでよくも旅を続けてきたものだ。ここに来ることが初めからの神の命令であっても、今こうしてその目的地に近くなると、遠道をしただけその責任を感じる。ともかく言われたことをするだけだ。それ以外にない。先のことは分からない。」

途中で小さな集落を何度も通過した。今はさらに住み家が増えてきて、大きな町に近づいていることが分かる。人が溢れ、活気づいている。普通であれば、その町に入って宿を見つけ、お湯につかって身体を休め、美味しいものを食べて英気を養うとことになる。そう思えば心躍る。しかしそんな贅沢なことはできない。ともかく目的としてきた町に近づいた。それで身震いする。

その町で自分のすべきことを考える。悪の満ちた町であると言われた。生まれ故郷でも結構悪がはびこっている。その民のための預言者として立てられていると思ったのに、あえてこのニネベという異国の都に遣わされたのだ。どれだけ邪悪なことがなされているのだろうか。人がいるところ、どうしても悪がある。自分のことしか考えられない人の集団であれば、生き残るためにも相手をけ落としていかなければならない。人を欺き、傷つけることは日常である。

ともかくこの都の様子を見てみることにしよう。街囲いをして外からの敵からに備えている。囲いの中に入れば街の雰囲気がすぐに伝わってくるが、その前に囲いを回ってこの都の大きさを知りたい。三日は優にかかった。一日の人の歩く距離は32㌔ほどだと言われている。とするとニネベはその三倍の96㌔ほどとなる。結構な大きさの都だ。その街の脇には大きな川が流れている。そこを生活の中心としているようだ。

周囲１００㌔近くの都となると相当な人口を抱えていることになる。川から水を引き入れて浄水して飲み水にしているのであろうか。川の脇なので井戸を掘って飲み水を手に入れているのであろうか。下水はどのように処理しているのであろうか。どうでもいいことだが、その両面が機能をしていないと、社会も生活も成り立たないのだ。機能しているとすれば、相当しっかりした都だ。

先祖たちがかつてエジプトを出て荒野を40年旅した。定住したわけでないので、水を確保するための設備のことは気にする必要がなかった。それでも飲み水と食べ物は必要不可欠であった。そのために神に文句を言い、不信仰に陥り、大きな試練に遭遇した。それでも何とか約束の地に入って安定するかと思ったが、定住すればするなりに生活が慢性化して霊的な緊張感を失ってしまう。モーセの律法より周囲の宗教になびいてしまう。それを正すために預言者としての役割をいただいていたのだ。

それが今、ニネベという異邦人の都に神のことばを伝えるようにとここまできた。ニネベの人たちのどこがそれほど神の怒りを買うことになったのだろうか。神の律法を知らないので、どのような立ち振る舞いをしようと関係ないように思うのであるが、どうしてか神には気になるようだ。まして、神の民を攻撃しようという戦略的な計画を立てているわけでもなさそうなので、放って置いたらよいと思うが、神には何か特別な計画があるようだ。

ニネベを三日かけて巡りながら、神の取り扱いを思い巡らさないわけに行かない。一度は完全にその役割からは外れ、それで死ぬと思ったのに、今このようにニネベを巡っているのだ。遠回りであったが、遠回りがあっただけ覚悟はできている。あのまま“まっすぐにここに来ていたら逆に、怖じ惑って腰砕けになっていたかも知れない。死ぬような経験があったので、今は背水の陣で臨むことができる。確かに恐れはあるが、失うものは何もない。言われたままを言い、行うだけだ。

そう思うと、一度神から逃れることになったのも、それもどこか神の取り扱いかも知れない。それでも、人は自分の行為を不信仰という。悪い見本のようにいう。言いたければ言わせておけばよい。遠道をしても、今は神への負い目はない。ただ神と自分の間のことだ。人にどのようにとられても関係ない。今は使命を果たすだけだ。

故郷の預言者仲間からは理解されないだろう。ニネべは何と言っても異邦人の都なのだ。ヨナという多少変わり者の預言者に神はそんな使命を与えたかも知れないが、自分たちとは関係がないと思っているだろう。実際にそうだ。何でこんな使命をいただいたのだろう。ただこうなっては、あとは神の言われるとおりにするだけだ。この使命には、もしかすると、それなりの計り知れない意味があるのかも知れないのだ。

ともかく言われたままを語ろう。確か日数を付けて悔い改めを伝えるようなことであった。その日数はどこかの出来事と同じものであったようだ。先祖たちから聞いていたあのノアの洪水と同じ日数ではないか。「四十日。」そうだ「四十日するとニネべは滅びる」と言うことだった。誰かが聞いていようと、誰も聞いていなくても、繰り返し宣べ伝えてみよう。「あと四十日すると、ニネべは滅びる。」ここはあの預言者の学校で発声術を学んだように、腹の底から振り絞るように一気に声を出せばいいのだ。上滑りのようだと聞いている方も信用しなくなる。
これだけ大きな都の全住民に届くのには、三日以上かかるかも知れない。おとがめを受けて牢に投げ込まれるかも知れない。暴徒にあって殺されるかも知れない。襲われそうになったら逃げ出すだけだ。足は結構早いほうだから。ともかく人の多く集まる市場に行ってみよう。それから町の有力者が集まる会議場のようなところ行ってみよう。それが終わったら町中をできるだけくまなく歩き回りながら宣教するだけだ。町の人たちがただ黙って聞いてくれるとは思わない。先のことは神が何とかしてくれるであろう。しかしどう反応するのかは気になる。

そんな自分の思いはどこにも記されていない。どのように思ったかは関係もないからだ。自分の意志に反して宣教に遣わされる人もいるのだ。使命感に燃えて語るのか、それとも半分はふてくされて語るのか、自分でも分からない。どちらであっても、自分の感情は関係ないので、何も記されていないのだ。それでも宣教に関わる者がどのような思いでいるのかは気になるのだ。

かつては路傍伝道が主な手段として用いられた。先輩の伝道者たちは、戦後の街角に立って福音を語ってこられた。ヨナのニネベでの宣教は、そんな路傍伝道の先駆けなとも言える。社会が整い、伝達手段がラジオやテレビになって、メディアを通してのものになってきた。今ではネットでの伝道も可能になってきた。大きなスタジアムで音響や映像を巧みに用いての集会も可能になった。

ともかく宣教の手段としてはあらゆる可能性を探って、できるところで、またできる方法で行っていく以外にない。もちろん選びようのないところに遣わされることもある。少なくとも自分はそうだ。よく自分のことが、宣教学のテキストに使われるようだ。そんな枠では捉えきれないのではないか思うが、勝手にやってくれとしか言えない。

手段はともかくとして、自分の与えられたメッセージは何とも簡潔だ。「あと四十日すると、ニネベは滅びる」と言うことだ。確か、後にイエスが宣教を始めたときにも、マルコの福音書に記されているところによれば、それも簡潔であった。「時が満ち、神の国は近づいた。悔い改めて福音を信じなさい」(マルコ1：15)。これだけで通じるのかと思うが、しっかりとメッセージは伝わっている。そうでなければキリスト教は起こりえなかったのだ。

神学校の伝道メッセージの作成でこのイエスの宣教の箇所を取り上げて、苦労したのを覚えている。どのようにまとめたのかは覚えていないが、ともかくこんな簡潔なメッセージでキリスト教が始まったことに感銘を覚えた。それ以来、福音宣教の内容に関しては関心を持っている。説教のタイトルを「十字架のキリスト」にしておけばそれで通じると説教学のクラスで教えられたが、どうも気になって仕方がなかった。

実際に福音宣教に関わりながら、何かが欠けていると思ってきた。二つのことに気づいた。一つは、パウロの宣教は十字架と同等に、あるいはそれ以上に復活のことが語られていることであった。使徒の働きのパウロの説教を見ても明らかである。もう一つは、クリスマスの説教がキリストの降誕の祝いで終わって、救いのことになるとすぐに十字架のことに移ってしまうことであった。すなわち、キリストの受肉が救済とどのように関わっているのかということであった。

この二つの面は、キリストの十字架の前の受肉と、そのあとの復活である。すなわち、クリスマスとイースターが、十字架を挟んで救済のわざにどのように関わるのかということである。現実には、クリスマスは単なる御子の誕生日の祝いで終わってしまい、イースターも復活祭ということでその日だけのことで終わってしまっている。それで受肉と十字架と復活を、一連の救済のわざとして見たらどうなるのかと考えるようになった。それは、御子を遣わされた神の計画の全体、すなわち、聖書全体の流れを知ることになるのではないかと思うようになった。

同じような問いを持って聖書と神学の歴史を振り返っている人がいることが分かった。グスタフ・アウレンの『勝利者イエス』である。復活でもたらされた死に対する勝利を福音の中心に置いている。すなわち、受肉から始まって十字架を通して、最後に死者の復活で救いが完成すると観ている。それは初代教会、新約聖書そのものの理解で、「十字架のキリスト」は、宗教改革を経て前面に出てきたが、初代教会の理解から離れることになったと指摘している。

初代教会のアタナシウスの受肉論と、中世のアンセルムスの受肉論を比較して学ぶ機会があった。アンセルムスの場合は、受肉の必要性の論理的な説明である。いわゆる満足説になるのであるが、その論法は受肉と十字架だけに通じるもので復活には別の論法が必要であると認めている。それに対してアタナシウスの受肉論は、受肉から始まって、十字架、復活を通して完成する神の救いのわざを見ていることが分かった。受肉は救済のためになされた神のわざの始まりで、復活はその完成であると言う。この違いは初代教会の信仰告白と、現在のプロテスタントの信仰告白を比較して見ると明らかである。

初代教会、すなわち、アタナシウス自身が関わった325年のニケア信条では、受肉は私たちの救いのためとなっている。「主は私たち人間のため、また私たちの救いのために降り、肉をとり、人となられた。」それに対してプロテスタントの信仰基準では、救いは十字架から始まるとなっている。自ら学び、10年間教鞭を執った神学校の信仰告白で次のようになっている。「主は聖霊によってみごもった処女マリアより生まれ、世の罪のために十字架の上で死に、三日目によみがえられた。」（傍線著者による）受肉は救済のわざから見事に落とされている。「十字架のキリスト」が前面に出てきて、またそれで十分という福音理解、聖書理解、信仰理解である。

このことに関連して、宗教改革によるプロテスタントの救いの理解は、義認論が中心になる。十字架の血によって罪許され、義とされたことが中心で、それを伝えることが責任として問われる。その精神で多くの人が宣教のわざに出ていった。この者も、スイスからの宣教師を通して高校生の時に信仰を持った。妻の両親が4人の子どもを抱えながら長い船旅をして1960年の初頭に日本に入った。それはまさにプロテスタントの精神である。

その恩恵にあずかっている。その精神を受け継いでいる。救いに預かる人が日本で多く起こされることを切に願っている。それでいながら、十字架による義認論だけが福音理解だとなると不十分さを感じてしまう。パウロは受肉をも救いのためと理解しているからである。ローマ書8章3節は、もっと真剣に受け止められてよい。「肉によって弱くなったため、律法にできなくなったことを、神はしてくださいました。神はご自分の御子を、罪深い肉と同じような形で、罪のきよめのために遣わし、肉において罪を処罰されたのです。」

さらに義認論の枠組みが強いために、血による贖いによるもうひとつの面、和解論が隠れてしまっている。しかし、パウロは見落としてはいない。同じローマ書で言っている。「ですから、今、キリストの血によって義と認められた私たちが、この方によって神の怒りから救われるのは、なおいっそう確かなことです。敵であった私たちが、御子の死によって神と和解させていただいたのなら、和解させていただいた私たちが、御子のいのちによって救われるのは、なおいっそう確かなことです。」(5：9、10)

この神の和解は、私たち人間だけでなく、万物に対して向けられている。「その十字架の血によって平和をもたらし、御子によって、御子のために万物を和解させること、すなわち、地にあるものも天にあるものも、御子によって和解させることを良しとしてくださったからです。」(コロサイ1:20)義認論は人間が対象であるが、和解論は万物が対象である。続いて言われている。「地にあるものも天にあるものも、ただ御子によって和解させてくださったのです。」被造物も神の救いに含まれる。そのためにもキリストの受肉は必要であった。神はその「和解のことばを私たちに委ねられました。」(2コリント5:19)義認の福音だけでなく、和解の福音でもある。

人間だけを対象にした義認論中心の福音理解が、結局は人間中心の福音の理解と宣教をもたらしている。すなわち、何とか自分の人生がうまくいくようにという意味での救いの理解である。そのための信仰であり、そのための祈りになっている。問題解決のための聖書理解であり、信仰生活である。

確かに、自分のことしか考えられないのが人間である。それで苦しみ、罪を知らされ、キリストにある神の赦しと救いをいただいている。それでも、結局また何とかこの地上で自分の人生がうまくいくことだけを求めることになる。そのために神に関わっているとさえ言える。何としても、自分からは出られない。きよめられていない自分を責める。そのようになっていない信者を裁く。単なる道徳的なキリスト教になっている。義認論とは別に、聖化論と栄化論が必要になる。

さらに何とか自分で救いを獲得する道を探すことになる。こうしたらよい、この方法がよいと、ハウツーものが福音に取って代わる。ことがうまくいったときだけに神の導きを確認する。そうでないときは自分の信仰を責める。自分を奮い立たせて、信者を励ます。それでいてどこかでキリストとの一体感がない。

私たちを義とし、和解の手を差し伸べてくれる神は、御子を通して、さらに御霊の助けによって、私たちをご自身のなかに招き入れようとしている。そのために御子だけではなく、私たちをうちから励まし、促す御霊を送ってくれている。三位一体の神の全力投球と言える。私たちは、その三位一体の神のなかに招き入れられる。この地上ではとうてい味わえない神の秘密の恵みに導かれている。まさに福音の「奥義」(ローマ16:25、26)である。

それは、イエスが語る神の国の福音である。また放蕩息子のたとえで示されている父の家である。さらに、パウロが描いている「神の家族」(エペソ2:19)である。その家族の元である神を、パウロは「アバ、父」と呼ぶことで、「子にしていただくこと」を知るのである。まさに「子とする御霊」(ローマ8:15)によることであり、「御子の御

霊」（ガラテヤ4：6）によることである。父と子と聖霊なる三位一体の神の見事な連係プレーである

御子による贖いを知り、御霊のうめきを確認して、神を「アバ、父」と呼んでいるパウロは、三位一体の神の懐深くに導かれている。そして、キリストとともに父なる神の懐のなかで戯れている。父に「これはわたしの愛する子。わたしはこれを喜ぶ」（マタイ3：17）と言われたことで、御子が父の祝福に溢れて十字架に向かわれたように、パウロもその御子の御霊によって子とされている。投獄されていても、「神の満ちあふれる豊かさ」（エペソ3：19）に満たされている。キリストとの一体感に溢れている。とてつもない福音に招き入れられている。

ニネベを歩き回って「あと四十日すると、ニネベは滅びる」と一日中叫び続けた。単に繰り返したのではない。その度に思いを込めて語った。叫んでいる自分にも深く感じるものがあるからだ。そうでないと福音は伝わらない。その人を生かしているものが福音宣教に現れてくるからだ。聞く人も確実にそれを読み取っている。

義認論と同時に、和解論も真剣に受け入れていくと、義とされた自分のことより、そむい

てもなお和解の手を差し伸べる神のことに思いが向く。十字架による義認だけで留まっていると、どうしても罪の赦しの意識が強く残って、結局は自分だけを見つめることになってしまう。受肉からなされた神の救いの一連のわざを見つめていくと、神の愛の深さに驚かされる。あとはその神に信頼するだけでよいのだと納得する。自分のことで思い煩うことからも解放させられる。自分の思いより神の思いが大切になる。

和解論の対象が人間だけでなく、万物であるということ、救いの対象が私だけでなく、万物が含まれていると言うこと、これはただ驚きである。受肉と復活には、救いのわざに肉と復活のからだが含まれていることを語っている。肉の弱さと、霊のからだによる新生である。また、エペソ書1章の終わりで「教会はキリストのからだであり、すべてのものをすべてのもので満たす方が満ちておられるところです」（23節）という、万物を包み込む教会観に驚きを覚える。生きている教会に見られる、福音の大きさである。

現実には、自分たちの教会で語られる福音が絶対だと思う傾向がある。当然他の人の意見には耳を傾けない。自分たちの教会の外でなされている神のわざにも見向きもしない。自分たちが一番福音を理解し、聖書に忠実であると言い聞かせて、閉じこもってしまう。不思議に恵みも閉じ込められてしまう。そして教会は死んでしまう。

福音の大きさと豊かさに生かされているところでは、教会の門は大きく開かれている。訪ねてきた人は、そこにある何かに心が動かされる。そこに生きているものに注目していく。それをいただきたいと願う。

ともかくニネベに遣わされた自分の宣教は、その後同じように宣教に関わる人に何かインパクトを与えているのかも知れない。母国を離れて日本の宣教に生涯をささげた宣教師たちの姿に通じるものがあるのだろう。辛かったこと、いやだったこと、日本人牧師から冷たい取り扱いをうけたこと、そんなことがありながらも生涯を日本のために尽くした多くの宣教師たちである。その御労は決して無駄になることはない。その姿は神の記憶にしっかりと納められている。

それにしても、自分の宣教に対してのニネベの人たちの反応は信じられない。行き巡るのに三日かかる大きな都で、一日目に歩き回って叫び続けた宣教で、信じられないことが起こった。こんな宣教の歴史は他にはない。すばらしいクルセードをビリー・グラハムがしたが、町全体、住民全体が悔い改めを始めるようなことはかつても、今もない。そうであるので、当然自分の宣教を記した書物は宣教学のテキストを越えている。何人が信じて決心をしたという枠を越えている。また、自分に何か特別な宣教のテクニークがあったのでないかという詮索も越えている。
ともかく一日目で、人たちが悔い改めを始めたのだ。変な男が「あと四十日すると、ニネベは滅びる」と叫び回っているうわさが、あっという間に広がった。強そうな男で、声も大きく、繰り返し叫ぶその声に、住民たちは何かを感じ取ったのであろうか。町に変化が起こり始めたのだ。誰かが断食を呼びかけ、悔い改めのしるしに粗布《あらぬの》をまとい始めた。何か不吉なことが起こると思ったかも知れない。確か「四十日」と言えば、先祖たちから聞いていたあの昔の大洪水の再来になるかも知れないのだ。

ニネベも川の脇にある町だ。洪水は何度も経験している。家が流され、多くの人が亡くなった。濁流の恐ろしさは身にしみている。洪水に見舞われるごとに先祖から伝わったあの四十日四十夜の大雨と洪水を思い出す。あの時は全く逃げ場がなかった。あの小高い丘も、その向こうの山場もすべて水に飲み込まれてしまった。残ったのはどうも箱舟に乗っていたわずかな人であったという。その箱舟は、ノアという人が信仰を持って造ったものだという。自分たちの先祖もその中から出てきたという。そんなことがこの地でかつて起こったのだ。また同じことが起こるのだろうか。恐怖心が住民の間にあっという間に広がったのか知れない。

小さいときに、台風の影響で裏のどぶ川が溢れて、水が家にまで逆流してきたことを覚えている。台風が通り過ぎて晴れ上がってから、利根川が氾濫したようだというので、恐る恐る見に行った。いつも遊んでいた土手すれすれまで溢れ、大きな力で濁流している流れは恐ろしかった。最上川を渡ってその向こうのお宅に滞在することが多くて、その度ごとに水量を観察し、橋の脇にある大きな堤防を眺めることになる。最上川の脇に住んで農業を営みながら同人誌に小説を書いている友人がいる。彼の小説はいつも洪水がテーマになっている。大きな被害をもたらした洪水は、彼の心の襞にしっかりと刻み込まれている。

ノアの洪水が全地球的な規模のものであったのか、今の中東の限られた場所だけであったのかという議論があることを聞いている。この場合に関しては、どちらであっても、その洪水がティグリス・ユーフラテス川まで巻き込んできたことは確かなことだ。その洪水でノアの家族以外は、全人類が滅ぼされたことを、代々に渡って聞いていたのであろうか。川の恩恵で飲み水も、農耕も問題なしに今まで行ってきた。それで豊かになり贅沢もし、気ままな生活もしてきた。時にはその川が溢れて氾濫しそうになった。しかしあの風変わりな男の言っていることは、もし同じように四十日四十夜雨でも降り続いたら、川は氾濫し、町は濁流に飲まれてしまうということだ。そんなイメージが住民の間にあっという間に広がり、心配が現実味を帯びてきた。

もちろんなかには、あんな馬鹿な男の言うことを本気にするなと、逆に叫んでいた住民もいたかも知れない。それでも、そんな思惑を封じ込めてしまうほどのカリスマ的な威力があったのかも知れない。死を一度経験したものに備わる威力だ。叫び続ければ続けるほど、住民たちの顔に恐怖心が溢れていくのが見えた。

自分を海に投げ出した船長と船員たちは、その後どうしたのだろうか。自分が大きな魚に飲み込まれるところを見たのであろうか。恐ろしい嵐で船荷も失い、変な男を海に投げ込んで助かったが、そのまま航海ができなくなってヤッフェ（ヨッパ）に戻ったことだろう。そうしたら当然何で戻ったのかと仲間たちに聞かれたことだろう。その顚末を多少の誇張を込めて語ったかも知れない。

そんな話がヤッフェの町に広まって、その話が今度は商人たちを通して、すでにニネベに届いていたのかも知れない。その話の上に、今度はその当人である男が大きな魚から吐き出されて、ニネベに向かって歩き出したと言うことも、あっという間に伝わったのかも知れない。日が経つにつれてどうもその男が自分たちの町に近づいているようだと、誰かが言い出した。どのうわさ話も一度尾ひれが付くとどんどん膨らんでいく。またそれを当然楽しんでもいる。しかし、ある時点でうわさ話では終わらなくなってしまう。

たったひとりのユダヤ人の男のことに過ぎない。その男のことを、自分たちの仲間である船員と船長の間で起こったこととして聞いたのだ。仲間の言うことだから信用がおける。確かにおかしな話ではあるが、信じないわけに行かない。ユダヤ人たちから聞いたのであれば、どうせ神懸かりの話と聞き流しておけばよい。今回は確かに仲間の話なのだ。この町に向かっている男とは、まさにあのうわさの男ではないか。そんなことに気づいた途端に、うわさ話はうわさ話ではなくなって真実みを帯びてきた。そんなことがすでに住民の間でひそひそと語られていたのかも知れない。

そうだとすると、神の御顔を避けてヤッフェまで下り、船に乗って嵐に遭遇して、その船員と船長と顔を合わせていたことも、また彼らによってなだめの供え物のように海に投げ込まれたことも、神の手だてであったと言える。当然自分も船員も船長もそんなことを意識していなかった。ただ、私たちの思いを越えた神の取り扱いだ。大きな意味では、あの暴風に振り回され荒れ狂う海のように、私たちの人生も神の風に振り回され、時には荒れ狂うこともある。そうすることでしかなされない神のわざと言える。振り回されている自分が、不信仰を嘆こうが、また神に文句を言おうが、全く関係ないのだ。

信仰者としての意識が強すぎると、信仰の状態をそのつどチェックしないと落ち着かなくなる。それでも神を信じているのか、それでも神はいるのかと、心の状態に合わせて自分に問いかけ、牧師に信仰状態を確認してもらう。そのように意識過剰になって堂々巡りしてしまう。この辺に関して、自分はかなり図太いほうだ。たとえ相手が神であっても納得できないからと、それで自分の信仰状態を確認するようなことはしない。嵐の中でもぐっすりと寝てしまった。もしかすると、こちらとは関係なしにことをなす神を信じていたのかも知れない。あるいはただ図太かっただけかも知れないが。

神が特別な目的を持ってことをなすときに、それに組み込まれる当事者は、組み込まれていることさえ気づかない。初めにニネベと言われても、埒外であったので、ただ単に神から離れただけだ。タルシシュまで行ったらもう神の目は届かないと単純に考えたのだ。そこで出会ったのが異邦人たちであった。神はそんな人たちをご自分の目的のために使ったのだ。当初はそんなことは全く分からなかったので、逃げまくっただけだ。でも今振り返ってみると、そうすることが必要であったのだろう。遠回りをして来たけれども、それだけ自分のことがニネベの人たちに伝わることになったのだろう。

30年ほど前に家族でアメリカに移り住むようになった。家族の必要という表向きの理由であったが、数年して、そこに多分こちらが全く知らない神の目的があって移されたのだと思うようになった。ミニストリーの働きの一つになっている男性集会の基である、プロミス・キーパーズという男性だけの集会がアメリカで始まったことである。あのうねるような男性たちの霊的な波が静かに日本にも伝わっている。男性集会はこれからも許されるところでしていく。表に出なくてもよいのだ。

同じ頃にアメリカに留学していた学生がＩＶＦのアーバナ宣教大会で連絡を取り合い、そのネットワークが広がって、ＪＣＦＮ（Japanese Christian Fellowship Network）として全米に広がり、帰国者を通して日本にも広がっていった。昔ＫＧＫの主事をしていたことがあったということで理事に招かれ、理事会のまとめ役をすることになった。この働きのためには大きな犠牲がある。今その実が結ばれている。その創設期に居合わせることになった。

そしてもう一つは、この30年来のコンピュータによるネットワークの驚異的な発展である。グローバルな感覚で日本とやり取りができる。以前には考えも、想像もできなかった。あの最初のマックの箱形のコンピュータは記念に取ってある。これもミニストリーのために神があらかじめ計画していてくれたと、言ってもいいのであろう。ということが分かってアメリカに移住したわけでないので、それなりに訳の分からないところを通された。大嵐に振り回されるとまでいかなくても、そのまま人生は終わってしまうのかとも何度か思った。ともかくできることをしてじっと次の展開を待った。どうこうにもこの広大なアメリカではどうにもならないことがある。開かれたところを信じて進むだけである。

それがどのようなことをもたらすのか全く分からなくても、導かれるままに最善を尽くすだけだ。ということは今になって分かったことである。そしてそのような計画は、初めから神のうちにはあったのだろうと、今は納得できる。神が何か新しいことをなすときには、独自のネットワークを張りめぐらしながらことをなす。予想も付かない。こちらはただ、訳が分からなくて、振り回されているような感覚になる。

そうなったらあとはただ、どうにでもなれと思って取りかかるだけだ。一度はそのまま人生が終わってしまうと思ったのだ。それが今は、どこかにしっかりと組み込まれている感じがするので、言われたことをそのままなすことに思いを集中するだけだ。それで何か威力のようなものが備わったのかも知れない。霊的に大切なことを語っていると思ったのだろう。結構聞き逃さない。偽りを語っているか、真実を語っているか、不思議に見抜くものだ。聞いている人たちの霊的な状況が作用してくるのであろうか。

6 このことがニネベの王の耳に入ると、彼は王座から立ち上がって、王服を脱ぎ捨て粗布をまとい、灰の上に座った。
7 そして、王と大臣たちの命令によって、次のような布告がニネベに出された。「人も家畜も、牛も羊もみな、何も味わってはならない。草をはんだり、水を飲んだりしてはならない。
8 人も家畜も、粗布を身にまとい、ひたすら神に願い、それぞれ悪の道と、その横暴な行いから立ち返れ。
9 もしかすると、神が思い直しあわれみ、その燃える怒りを収められ、私たちは滅びないですむかもしれない。」

ニネベの王にうわさが届くほどに、町はすでに異様な状態になっていた。通常では町の状態を部下に調べさせるか、軍隊を導入して鎮圧にあたるものだ。すでにその前に参謀が町のうわさを聞いて、変な男が叫び続けている内容を伝えたのだろうか。それでも王であれば、その男を捕らえ召し出して、尋問か詰問もできただろう。どうもそうではなく、うわさを聞いただけで悔い改めの行為を始めたようだ。心当たりがあったのだろう。先祖伝来の言い伝えを聞いているので、その昔々の大洪水のことが現実味を帯びてきたのだろうか。そうしなければ町は確かに滅びると思ったのだろう。その行為にははっきりとした決断が伺える。

大臣たちを集めて閣議を開いて、布告を出すことを決める。王自身の断固とした決断に全員が同意したのだろう。宗教担当大臣も、住民の様子を見てそうせざるを得ないと判断したのかも知れない。あるいは悔い改めの布告を出して、それで何も起こらなければそれはそれでよいことなので、多数意見に従っていようと政治的な判断が働いたかも知れない。今はともかく、王までもが王服を脱いで粗布をまとい、悔い改めが真実であるしるしとして、灰の上に座ったのだ。

文字通りの断食と祈願である。人も家畜も同じように水も食べ物も断ち、粗布をまとって、いっさいの悪と暴虐から立ち返ることであった。相当な悪がはびこっていた。動物を性的な対象にすることさえ起こっていた。滅びは人間だけでなく、家畜にも及ぶことを知っていた。あの昔に起こった大洪水の裁きはまさにそうだった。鼻で息をするすべてのものが裁きで滅ぼされた。ほんのわずかな人と限られた家畜だけが救われたのだ。

布告が町中のあちこちに張り出された。住民は、王も自分たちと同じように感じていたことを知る。大変なことになると分かった。みな家に閉じこもって、ことの成り行きを息を凝らして見守っている。人で賑わった界隈も、うそのように静まりかえっている。町は異様な雰囲気に包まれ、厳粛な静けさのなかにじっと佇んでいる。できることはただ神に祈願するだけだ。あのような洪水を起こさないでください、飢饉も、火災も起こさないでくださいと。四十日といわれたその日にちを指を折りながら数えて、様子をうかがっている。

神への祈願。王を含めたニネベの住民は、しかし、どの神に祈ったのだろうか。当然自分たちが奉っている神がいる。しかしあの変な男のいう神に祈る以外にない。その神が昔大洪水で地に裁きをもたらしたからだ。この際はその神にお願いしよう。そんな思惑が当然のように住民に広がっていった。あの大洪水を一度もたらした神が思い直すかも知れない。その燃える怒りを何とか静めて欲しい。悔い改めて真実が分かってもらえたら、哀れみを注いでくれるかも知れない。それに期待する以外にない。

王から出された布告を見て、そこに書かれていた言葉を自分も読むことができた。島国に住んでいたら、そこの言葉以外は必要がない。隣国に接していれば何かの機会に別の言葉を知り、話すようになる。自分もあちこちを旅しているうちにニネベの言葉もある程度習得していた。「あと四十日すると、ニネベは滅びる」と現地の言葉で叫び、いま王様の布告も現地の言葉で理解した。人びとは家に閉じこもってじっとしている。自分の言ったことがこんな事態を引き起こすとは信じられない。王様の印章付きの布告が何かを予告するかのように町中に立っている。

全く想像を越えたことが起こっている。いわゆる宣教学からは想定外のことだ。宣教学では、地元の人と交流を深め親しくなって、愛を示して、その上で神のことばを語るよう教える。しかしここではそんな枠を越えている。当然自分も知り得ない、何か特別な神の計画があるのかもしれない。もしかしたら自分のあとの人が、この地域と神の民との関わりを振り返るときに、それなりの歴史の意味を見いだすためかも知れない。そのことはどこにも記していないが、後の人がその意味を探ることができるように神はしているのだろうか。それは後の人に許されているし、課せられている課題でもある。

実際に四十日経ったらどうなったのかは自分でも分からない。ただ王様まで出てきて布告を出して、完全な断食と祈願を命令することまで起こったのだ。あえて王様を引き出したことが重要なのだろう。単なる住民の一時的な感情の盛り上がりや恐怖心でことが起こったのではなく、政治的な判断が繰り込まれることになったのだ。そうすることでニネベのことが歴史上の出来事として記録され、記憶されることを誰かが求めたのだろう。自分も住民も王様も越えた誰かだ。そうすることでこの出来事が、その誰かである方の大きな計画のなかでしっかりと意味付けられるためであるようだ。ともかく人間の思惑を越えた取り扱いとしか思えない。

ニネベは当時のアッシリアの首都だった。ニネベの王とはアッシリアの王となるのであろう。ともかくニネベで起こったことはアッシリア全体で起こったことと言える。商人や行政関係者によって国全体に広まっていく。住民だけの宗教的な熱狂であれば、逆に王がどのように対処して静めたのかと言うことが話題になる。それが王までが布告を出して完全な断食と祈願をニネベ中に命令したとなれば、それは国中に影響していく。明らかに歴史的な出来事として記録され、記憶に残っていく。そのようにしてニネベのことは、地下の水脈を通って静かに後代に伝えられていく。

そしていずれアッシリア帝国は滅んで、バビロン帝国がその地を治めていく。このバビロンという国を、神はなんと、神の民の逃れの場として用いていく。バビロン捕囚というと、否定的に取られてしまうが、少なくとも預言者エレミヤの活動の記録を読むと、神の民がバビロンに逃れることで生き延びていく道筋であることが分かる。その地に残っていたら裁きにあって滅ぼされる以外にない。それが北の帝国であるバビロンに連れて行かれ捕らわれの身となることで、生き延びるのである。そのジレンマで預言者エレミヤが苦しむ。かつては、南のエジプトに下ることで生き延びることになった。今回は、そのエジプトではないとしっかりと伝えている。それでも最後にエジプトに下るわずかな民がいた。エレミヤも不本意にその群れに巻き込まれて最後を迎えることになった。

その間、バビロンの王ネブカデレザルはなんと使者を遣わして、エレミヤが望めば、すでに上ってきた神の民同様に手厚く取り扱うことを約束する。同時にエレミヤの意志を尊重する。エレミヤは留まる決断をする。そんなバビロンの王ネブカデレザルの神の民への取り扱いには、信じがたいほどの愛が含まれている。どうしてなのだろう。ネブカデレザル王が自分の帝国の前のアッシリアの首都ニネベで起こったことを、側近の歴史学者を通して聞いていたのだろうか。そうかも知れない。それでイスラエルの民の神に密かに敬意と恐怖を抱いていたのかも知れない。当然あのヨナという男のことも聞いていたかも知れない。

ネブカデレザル王の心を捕らえるものがあったとしか言いようがない。そうでなかったら神の民は行き場がなかったのだ。捕らわれの身となることで生き延びていく。それしかないのだ。言い方を変えれば、他国に寄留の民として生き延びる道筋を神が備えていたことになる。それはしかし、現在進行形で神の民の生き方なのだ。選びようのないこととして、他国にあって生きることを、神の民は受け止めている。安定した自国を持っている者には、何とも哀れなことである。しかしそれは、約束の地を求め続ける神の民の紛れもない生き方となっている。逃れようのない生き方である。

しかし、自分もニネべの住民も王もそんなことを意識していたわけでない。とんでもないことに巻き込まれただけだと思っている。まして後々の歴史に関わって来るとは思っていなかった。当然そんな関わりはどこにも記されていない。またバビロンの王ネブカデレザルも、ただ自分の支配している地域に150年ほど前に起こったことをどこかで聞いてかすかに覚えていただけかも知れない。あのアッシリアの首都であったニネべにイスラエルの民の神のなしたことが、どこかの記憶の棚に残っていたのかも知れない。そんな記憶を神は自由に用いる。記憶は神の所有物であるかのように用いる。時代を飛び越え、地下水脈を通って、人の意識には上らないことを神は自由自在に用いる。

この結びつきは、しかし確かに、どこにも記されていない。今振り返って、その結びつきを見ているだけである。その意味ではどのような歴史も、それをどのように理解するかでその人なりの歴史観、世界観が出てくる。別な理解をする人がいるかも知れない。その可能性は充分ある。記されていないのでそれ以上語るべきでないとも言える。その通りである。どのように理解するかは、今、生きている者の課題である。そこには当然、責任が伴う。

10 神は彼らの行いを、すなわち、彼らが悪の道から立ち返ったのをご覧になった。そして神は彼らに下すと言ったわざわいを思い直し、それを行われなかった。

そんな思惑はともかく、王が出した布告は真剣そのものであった。あの変な男の言うとおりに、40日したら、その昔に起こったように、この町全体が滅ぼされてしまうかも知れないと恐れたのだ。それで、家畜も含めて町全体が、断食をして、粗布をまとって、この災いの予告から逃れられることを真剣に祈願するように呼びかけた。誰にも見えるように、王も王座を降りて、粗布をまとい、灰の上で悔い改めた。何か災いが起こってから祈祷師を呼んでという前に、ここでは「あと四十日すると」と言われたことにそのまま反応したのだ。

この宣告には四十日したら確実に滅ぼされるというニュアンスなのか、四十日のうちに悔い改めるならば滅ぼされないというニュアンスなのか、その辺の意味の取り方は語った者、聞いた者の間でも異なっていたであろう。ともかく王は、もしかするとかつて大洪水をもたらした神が思い直してくれるかも知れないと思って、布告を出した。あの大洪水の時には7

日間猶予が与えられて箱舟を造ることができ、そこに入ったノアの家族だけが助かったのだ。

町中から神への祈願が聞こえてくる。深い地からわき上がるうねりとなって響いてくる。昼も夜も、何日にもわたって、その地中深くから地響きのように鳴り響いてくる。人びとの動きは消え、町はゴーストタウンのようだ。王宮も廃墟のようでその栄華もない。灰をかぶった王と大臣たちが飲まず食わずで、ひたすら祈願をしている。ただどこからともなく異様なうめき声が聞こえてくる。

自分たちの神は、彼らのその姿を見、その祈願を聞かれる。どれほど経ってかは分からないが、そのように記されている。四十日経ってなのか、その前なのか、明確ではない。ただ、ニネベの町の様子を見て神が判断されたような記述なので、布告が出されてそれほど経っていないときのようだ。

「あと四十日すると」という宣告は、悔い改めの余地を残したものと言える。ノアの時にはそんな余地はなかった。箱舟を造るのに7日間の日にちが与えられただけで、大洪水は避けることができなかった。それはニネベの町の人に紛れもない事実として記憶に残っていた。それで彼らの悔い改めは真剣だった。しかし悲しいことに、その事実を知っている神の民のほうが真剣さを失っている。神の民はかたくなな心を持ち続けている。自分もそのための預言者の一人だと思っていた。しかし全く意に反してニネベという異邦人の町へ遣わされた。そこで見たことは逆に、悔い改めの真剣さである。神の民の間では起こらないことが、ここで起こっている。何と言うことだ。

王の布告に添うように、悪の道から立ち返る努力を見ただけで、神は思い直してニネベを滅ぼすことを控えた。それが四十日経ってなのかその前なのか、時間的な推移をあえて明確にしない。それが目的でないからだ。実際にどうなったのかは記していない。ただ、後で自分が町の様子を見届けることが記されているので気になったのだ。

自分のことはすでにどうでもよいことだ。必要なことだけを端的に記されているだけだ。それでも実際にはどうなっているのか気になる。正直に言えばやはり自分の宣教の結果は気になる。何と神が思い直されたからだ。そんなことがあるのか。「あと四十日すると、ニネべは滅びる。」ただその通りになると思っていたのだ。思いがけないことに、神も思い直すことがあるのだ。

でもよく考えてみるとモーセが山で神と会っている間に、アロンと民が金の子牛を造って拝んでいた。それを見た神の怒りに、モーセが仲介をした。「すると主は、その民に下すと言ったわざわいを思い直された」（出エジプト記32：14）とある。起こりうることなのだ。町全体が悔い改めを始めるようなことも聞いたこともないし、その上に神が思い直すとは考えたこともないし、経験したこともない。あり得ないとしっかりと思い込んでいた。ただためらいと共鳴を覚える。結局は、神に振り回されているのだ。そしてそのようにして神のわざは果たされていく。

7　怒って神に祈ってヨナは（四：一〜四）

1ところが、このことはヨナを非常に不愉快にした。ヨナは怒って、
2主に祈った。「ああ、主よ。私がまだ国にいたときに、このことを申し上げたではありませんか。それで、私は初めタルシシュへ逃れようとしたのです。あなたが情け深くあわれみ深い神であり、怒るのに遅く、恵み豊かで、わざわいを思い直される方であるを知っていたからです。

それでも、眼の前に起こったことに納得がいかない。神のわざとはいえ、何とも納得できない。それ以上にうれしくない。こんなことは起こって欲しくない。考えていた道筋と違う。体面が保てない。どうしてこんなことになってしまったのか。確かに、宣教学史上快挙と言える町全体が悔い改めたのだ。誰もしたことがない。褒められて当然である。それでもうれしくない。

自分は筋道を立てて物事を考えるほうだ。長い旅にも耐える体力も備えている。また自分の感情に偽ることもしない。いやなことはいやだとはっきりと態度で示す。納得しないことには、相手が神であっても納得しない。時には人とぶつかることがある。それでも多くの人はそんな自分の性格と態度を認めてくれる。尊敬とまでは行かなくても、結構うらやましく思っている。意見を持っていながら上手に隠して体制に従っている友をよく見てきた。自分にはそんな芸当はできない。

そもそも最初に神の命令を受けたときにも、納得できなかった。それで、神の手の届かないところに逃げようとしたのだ。そうできると思って行動した。海に投げ出されたときには死んだと思った。それが大きな魚の腹の中で生き続けた。当然であるが神の手の届かないところはないと分かった。それで言われるとおりにしようと決心したのだ。ニネベで滅びの預言を語ったら、殺されるに決まっていると思った。それがどうも変な事態になって来た。自分の民は悔い改めないでかたくなに神にそむいている。それが全く神の律法も知らない民が、見方によっては、簡単に悔い改めを始めたのだ。

今起こっていることは自分にとって侮辱である。翻弄され長い旅をしてやっと辿り着いて、言われたとおりのことを叫んだらば、思いがけなく住民から王までが悔い改めを始めたのだ。自分の民の間でも起らないことが起こっている。神はこの都が滅びることを求めていたのではなかったのか。こんなことでは自分が遣わされる必要もなかった。誰かもっと気楽に出られる人を遣わせばよかったのだ。大変な思いで神から逃れようとしたのに、全くしつこい神だ。

もう逃げようがない。逃げても神は付きまとってくる。それならいっそう正直に神に怒りをぶつけよう。理由が何でであろうと、納得のいかないことは納得がいかないのだ。そのままにしておくことができない。預言者でも誰でも、納得できなくて神に対して悶々としている人は結構いる。そのようには口に出さないが、どうしてなのかと神に対してそれなりの感情を持っている人を見てきた。自分はそうはなりたくないと思ってきた。正直に感情さえ神にぶつけた方がよいと思ってきた。

自分は確かに神を避けて逃げた。それだけ自分の心に正直であった。そうなので、今神への怒りもストレートなのだ。神への怒り、それはそれでもどうにもならない思いの爆発であり、神への叫びであり、祈りである。納得できないことをそのまま神にぶつけたのだ。そんな思いは誰もが持っている。ただ押し込めて出さないようにしているだけだ。そうすることが信仰者のあり方のように思っている。

そんな感情が心の深くに留められている。信仰者として確かに多くの面で祝福をいただいたが、怒りの感情は、地下深くに流れる水脈のように心の底に流れている。何かの拍子に顔を出してくる。出てきてもどこにも持って行くこともできない。ただその感情が静まるのを待つだけだ。あるいは、過去の祝福を思い出して自分を慰めるだけだ。そのような行き場のない感情は、しかし、時には恐ろしいほど心に影響してくる。トラウマになっていることもある。

どのようなことでも正直に怒りを出したらば気持ちがよい。しかも相手は神である。そんなことができるのかと思っている人は多いのだろう。そして、その感情を小出しに親や目上の権威ある人に出したりする。教会では牧師がそのターゲットになる。教会員全員の感情のはけ口のようになる。それがまた牧師の仕事だと言えば言えなくもない。ただそれは澱《よど》んだ空気を教会にもたらすだけだ。自分には、しかし、現実的にその感情を持っていく人はいなかった。そんなことを考える余地もなかった。ストレートに神にぶつけただけだ。

どのような感情であっても、神にストレートに出してみたらどうなるのか。ひとつ分かることは、神にどんなに怒って祈っても、どのような感情をぶつけても、それで神は傷つくことはないことだ。人に怒りをぶつけたら相手も自分も傷つく。神にどんなに怒りをぶつけても、神はしっかりと受け止めてくれる。それで神がどのように思おうと、どんなことでも神には吐き出すことができる。どのような怒りでも、どのような文句でも、たとえ納得できないことでも、そのまま神にぶつけることができる。それは天が開けるように気持ちのよいものだ。

理由はともかくとして、怒りを神にぶつけている自分に関心を持ってくれる人もいるかも知れない。また自分のように怒りを神にぶつけられるとは思っていないかも知れない。それでも少なくとも、許されるならば、怒りとまで行かなくても、どうしてなのですかと神に文句を言いたいと思っているのではないかと思う。自分のような経験はないかも知れない。それでも、あのヨナのように神に怒ってみたいと思っている人もいるかも知れない。

町全体が、しかも王様までが悔い改めるという、そんなことが起こったら仲間の間では伝道超大成功ということで、英雄になってしまう。新聞に取り上げられ、取材を受け、その経験を本に書く。そんなことが起こってもおかしくない。それにも関わらず、納得が行かない。体面のことではない。ともかく信念に反するのだ。起こってはならない。相手が神でも怒りをぶつけなければ収まらない。相手が神なので、どうせ勝負にはならないと分かっていても、また正直に答えてくれるかどうかも分からなくても、ともかく怒りをぶつけるだけだ。

そんなことができたらどうなるだろうかと想像してみる。そうしたら、もっとダイナミックの生き方というか、少なくとも神とのパイプが太くなるかも知れない。どんなことが起こっても平安でいることが信仰者のあるべき姿と思い、怒りにまで行かなくても、それに似た感情を持つこと自体が信仰的でないという思いが強くある。そんな体裁を取り払って、うちにある感情をそのまま神にぶつけたらば、思いがけない神とのやり取りが展開するのかも知れない。まさに信仰の逆転と言えそうだ。

ともかく、神に怒りをぶつけた。人にではない。神にである。親でもない。そんな大それた家族でもない。預言者仲間の先輩にでもない。本気でただ神に怒った。神以外にそこには誰もいなかったのも事実だ。他に誰を相手にこの怒りをぶつけたらよいのだ。といっても、仕向けたのは神である。神が仕掛け人である。この天空の真上にある太陽で体が燃えるように熱いのが事実であるように、これを仕掛けたのが神であることも事実だ。疑いようもない自明のことだ。

それほど自明なことであっても、どれほど燃えるような怒りに悩まされていても、それも神が仕向けたことだと分かっていても、それでもまだ、そんな怒りを持つことさえいけないと言い聞かせている自分がいる。そんな怒りも持ったことを怒っている自分がいる。怒りを何とか静めようとしている自分がいる。怒りがないかのように繕っている自分がいる。平静を装っている自分がいる。クリスチャンのあるべき姿に一生懸命合わせようとしている自分がいる。

確かに怒ったままで一日を終えてはならないとも、人の怒りは神の栄光を表すことができないとも言われている。その通りである。怒りは人を傷つけ、自分も傷つく。怒りの感情もなく、すべてが穏やかに、平安に満ちたような顔をして、またそのように生きられたら何と楽なのかと思う。そのように仕向けようとしている自分がそこにしっかりといる。怒りがあっても、その感情自体が自分のものでないかのように、知らん顔をして生き続けようとする。周りの人は気づいていても、当人はその感情を認めることができないほど押さえつけている。そうすることが信仰者のあるべき姿であると周りに印象づけている。無理に笑顔を作っている。

何とも納得がいかなくて、どうしてなのですかと神に問い続けながらも、そんな感情を持つことさえいけないように自分を押さえつけていたら、心はくじけ、いじけてしまう。それは同時に隠せないで表に出てくる。

30年ほど前に家族でアメリカに移り住んで自分の心はしばらくそんな状態だった。そのどうにもならない感情を家族にぶつけ、妻にぶつけていた。北カリフォルニアの大自然の中にでて、大声で神に怒りでも不満でも文句でもぶつけていたら、多分神は直接には答えをくださらなくても、自分と神とのパイプは回復し、さらに太くなり、少なくとも家族へその感情を小出しにするような意地悪はしないで済んだのかも知れない。

それは性格にもよるのであろうが、それでも、さらに深くは押しとどめようとする声が響いてくる。怒りをぶつけるとは、クリスチャンのあるべき姿ではないとささやく。あたかも命令のように振りかかってくる。とてもしっかりとした圧力を持って押し込んでくる。信仰者にとって当然のことのように覆ってくる。特に聖書信仰の際だった生き方のように轟いてくる。

信仰の先達たちがいつもニコニコしていながら、どこかで深く怒りを留めていた。嫌らしいと思っても、自分も同じような振りをしている。しかし少なくとも今、このすべての憂いを吹き飛ばすような怒りを出して、すっきりし、すがすがしい思いになっている。たとえ周りには迷惑なことであっても、何か異なった信仰の面、信仰の逆転のようなものを認めないわけにいかない。神には怒りをぶつけても問題がない。それ以上に神とのパイプは広がり、神の心の深くに入っていくことができる。もしかしたら、そのこと自体が神の計画であったかも知れないのだ。信仰の逆転であり、思考の転換である。

そんな方向転換が許されないほど、あるいは考えられないほど、ともかく穏やかで、すべてが円滑で、いつも平静であることが信仰者の生き方となっている。それが、聖書のいう「平安」になっている。何か思いがけないことが起こって、あるいは思いがけないことに巻き込まれて、自分の心がずたずたにされ、どうにも納得がいかなくても、神に怒りをぶつけるようなことは、信仰者としてあるべきでないと思っている。

多くの説教を聞いても、多くの神学書を読んでも、すべてがうまく収まり、心が平安に満たされるのが、あるべき姿のように捉えられている。多くの試練に遭い、大変な苦労をして神のわざを成し遂げても、不平を言うことは不信仰と押さえ込まれている。すべてが信仰で解決されているかのように振る舞わなければならない。家族まで巻き込まれても不平も不満も言わない、言わせないような雰囲気を作っている。

文句を言い、怒りさえも表している自分は不信仰の代表者のように思われている。それを正すのが自分のことを記した書の目的になっている。神学校の訓練もただ従順さが求められ、神に文句を言ったり、神に問いかけたりすることは好ましくないと、暗黙のうちに了解されている。自分がいつも引き合いに出される。そんな神学校でも、何か意にそぐわないことで、かなりの怒りを教師たちが表している。それでもそれはあり得ないことと蓋が閉められてしまう。その根源には触れることもない。そのように、怒りが闇の中に閉じられていく。

自分の数百年後に、ストア派の哲学者でセネカという人が『怒りについて』の本を書いている（日本で岩波文庫から２００８年に翻訳されて出た）。誰もが直面するテーマである。特に禁欲主義の哲学者にとっては避けられない。怒りは、その禁欲を揺さ振るどうにもならない、手に負えない代物だからである。禁欲で心の波を静めようとしても、怒りはそんな思いをあっさりと無に帰してしまう激情である。その人を駄目にしてしまうパトスである。感情はいろいろな形で表れるが、怒りはほとばしるとセネカはいう。一端怒りの感情が出てきたら、抑えることはできない。逆にその感情に捕らえられ、支配される。

怒りに燃えた人の顔を見ると、目はつり上がり、血管は盛り上がり、ほとばしるその激情に支配されていることが分かる。完全にほとばしでるまでは、その激情は収まることはない。一度噴火を始めた火山が出し切るまでは収まることがないのと同じである。変になだめようとすれば余計に火が付く。しかもそんな激情で身を滅ぼした人は少なくない。結婚を駄目にし、家庭を崩壊し、自分の身分も危うくし、当然他の人を傷つけ、取り返しが付かない破局を迎える。誰にでも起こりうることだ。

セネカは、そんな怒りのどうにもならない感情をパトスという。情念である。人間はいくつかの面での情念を備えている。それでも怒りの情念は、一端ほとばしり出たら抑えることができない。しかしそれは抑えられなければならない。そうでなければ禁欲主義は成り立たない。何によって抑えることができるのか。そこがまさに禁欲主義の存在理由である。それは理性しかない。そこに当然ともなってくる理性と意志とである。怒りの情念は待ったなしでも、理性は待つことができ、働かせることができる。意志で理性を取り入れるのである。怒りに支配されないように意志で理性を働かせ律していくことである。それができる、それしかないと禁欲主義者は信じている。

さらに、その情念に振り回されたり、支配されたりしないだけでなく、その情念を取り去ることを禁欲主義はめざす。それができると見ている。外からの雑音に動かされることなく、静まりかえった心である。情念のない心、それは無情念（アパテイア）である。禁欲主義がめざす賢者は、そのような自己を律する人であり、深い穏やかな平静に満ちた人である。何かそのままクリスチャンのあるべき姿に当てはまりそうだ。平安をひたすら求める信仰者の心を代弁しているかのようなのだ。そうなので余計に気になる。

禁欲主義のストア派は、それと対になる快楽主義のエピクロス派とともに聖書に出てくる。『使徒の働き』17章で、パウロのアテネでの説教の際に居合わせた哲学者たちがストア派とエピクロス派であった。すなわち、パウロが活躍したときにすでに禁欲主義の考えがかなり一般的に広がっていたことになる。しかも『怒りについて』はセネカの実兄のノワァートゥスの要請によって書かれたのである。この兄はのちに名前を変えてガリオという名前で『使徒の働き』18章12―17節に登場して、アカヤの地方総督としてユダヤ人たちによって連れてこられたパウロに会っている。パウロとセネカは同時代人なのである。セネカは紀元前4年頃から西暦65年まで生きていたと言われ、あのネロ皇帝に仕えている。

パウロの説教を聞いたストア派とエピクロス派の人には「このおしゃべり」としか映らなかった。イエスと復活を宣べ伝えていたからである。当然かみ合わない。それでいて、ストア派のいう「心の平静」とクリスチャンが求める「心の平安」がどこかで交差しているように思われる。影響力のあったストア派が、キリスト教が受け入れられる素地のような役割を果たしたのだろうか。そのように言う人もいる。中世では、セネカが「生まれながらのキリスト教的魂の持ち主」として、その書が愛読されていたという。そのためか『セネカとパウロの往復書簡集』（新約外典に含まれる書簡。三九〇年ころ成立しラテン語で書かれている。）という偽書まで現れた。

この辺の歴史的な実証は歴史家に任せる以外にない。ただ、神への怒りを短絡的に不信仰と見る見方を、さかのぼってたずねてみると、セネカを代表するストア派に端を発しているように思えてくる。そして、キリスト教とストア派が重なり合いながら今に至っていると言える。ストア派がキリスト教にしっかりとブレンドして、しかもあまりにも自然にとけ込んでいるので、その違いを見きわめることが難しくなっている。

キリストの恵みによって救いをいただいている。それは事実としてありながら、その上でなおキリスト者として生きていくための明確な指針の理解と、それを実行していくための意志の強さが求められる。そうでなければ現実には、指針なしに彷徨っている船のように翻弄されるだけで、どのように生きたらよいのか分からない。その指針のようなもの、別の言い方では、倫理の基準のようなものが、恵みによって救われたという事実とは、微妙に異なった流れから入っている。あたかもそれがキリスト教であるかのように、上手にオブラートがかけられていて、見きわめることが難しい。

それでもどこかでおかしいとは感じる。怒りを深くに持っていながら、あたかもないかのように笑顔を作っている。柔和そうであるが、あることが切っ掛けで逆鱗に触れたように怒り出す。それは多くの場合に隠れていて、交わりのなかでは温厚な人ということで通っている。恵みによる信仰の生き方より、その人の意志の強さのようなものが勝っている。それが信仰から出ているようにこちらも錯覚してしまう。表面的な柔和さのその内側には意志の堅固さがその人の人格になっている。それによって怒りのマグマをしっかりと押さえ込んでいる。

押さえ込み、しっかりと管理をし、そのように信仰者の装いを整えることで、いずれ心を乱す怒りの情念をなくすことができると考える。たとえなくならなくても信仰を積むことでそのマグマが少なくなると信じる。そうあるべきだと思い、そのように信じ、そのように教える。どこかで信仰とは別に、理性と意志への信頼があるからだ。

人が変えられるのはただ恵みによる。難しいのは、その変革に信仰とのバランスを欠いた理性と意志の力が入り込んでくることである。聖書を読み、祈り、礼拝をし、交わりをし、恵みによる神の全面的な介入を待つより、何とか自分の力で信仰を強め自分を変えていく意志の力が加わる。それができないのは意志が弱いからだという暗黙のメッセージを送ることになる。

この面は信仰者の聖さのテーマにも関わるが、どのように理解するかで、教派が別れてくる。すなわち、最終的にはすべて神の恵みによると捉えていても、人間の能力をどこまで認めるかによって信仰の形態も異なってくるからである。確かに聖書で言われている勧めに関する面だけを読んでいくと、ストア派との違いが分からなくなる。その勧めは神の愛、キリストの自己犠牲、聖霊の介入の上に言われているが、それを実行するときに、信仰とは別の形で、人間の能力と責任が問われているからである。信仰との関わりを吟味しないで、知らないうちに人間中心に展開していくことになる。キリスト教がローマを起点に西洋に広がっていった歴史の流れのなかで、人間の能力と責任に重きを置くことが基調になったと言える。

あのアウグスティヌスは、霊魂の機能を、理性と意志と見ている。それは西洋のキリスト教を理解する上での象徴的な旗印なのである。すなわち、人間における霊の面よりも、理性と意志の能力に信頼が置かれているのである。いわゆるそれまでの三分説で、人間の霊の面を独立した機能として捉えて、神の霊の媒体と見ることに対して、二分説で霊魂を結びつけて、霊の面より、理性と意志の人間の本来的な能力に信頼を置いているのである。大きな流れとして西洋社会は、この能力への信頼によって成り立っている。西洋のキリスト教も、その信頼のうえで神学が成り立ってきた。啓蒙思想を通して近代文明を支えてきた土台である。確かにその恩恵を受けている。まさに文明社会の恩恵を受けている。象徴するように、アメリカ製のアップルのコンピュータに向かって日本語でこの文章も書いている。

それならば何に文句があるのか。その通りである。すべてがあるべき姿にしっかりと収まっていて、何も問題もない。それは理にかない、そうすることですべてがうまく行き、社会はスムーズに動き、家庭も穏やかで、心も平穏である。現代社会の理想的な姿である。コンピュータで仕事をし、美しい奥さんと子どもたちに囲まれている。すべての面で配慮されている教会で、家族で毎週礼拝を守っている。現代社会の生み出した理想的なクリスチャン・ファミリーである。

それでいて何か生きている感動が伝わってこない。毎日が決まった流れに従って営まれているだけだ。たまの休日もドライブをして、ファミレスで疲れ切って食事をして、一日を終える。心からしたいこと、心をふるわせること、そんな感動を感じることもない。何のための人生かと思う瞬間がある。それでも忙しさに追われて考えることをやめてしまう。何も文句の言いようもない。それでも人生の現実感がない。教会のメッセージもよく準備され、音楽もプログラムもすばらしい。それが当たり前だと、時間が流れていく。

すべてが整い、きれいにことが進む。それを乱すものを何としても避けようとする。そんな神経症的な生き方が当たり前になっている。あまりに当たり前なので、その流れを変えることは考えられない。まして崩すものを全力で避けようとする。今ある流れに乗っているだけだ。心はその動きに感動なしにただ対応している。当然他の人の生き方には関心がない。他者は面倒なのだ。今のことでいっぱいで、それ以上のことに思いを向ける気力がない。無感動、無関心、無気力。

この無気力、アパシーと呼ばれる現代の一つの症候が、あの2千年前にストア派の禁欲主義の人たちが目標とした無情念（アパテイア）と無関係と言えるのだろうか。心を乱す情念を根こそぎ取り去ろうとしたのだ。しかもできると信じ、しっかりと教え込んできた。その信念が、見事に見栄えのある社会を築いてきた。その外側の美しさの犠牲と代償が、アパシーであるというのは言い過ぎだろうか。言い過ぎであっても、そこから逃げられないので、出来上がったシステムのなかに逆に逃げ込んでいる。システムの矛盾を見ようとしない無関心さが、生き残る術となる。無感動、無関心、無気力という処世術。

教会でも定まったことに乗っている限り、すべては穏健に流れていく。それがあるべき信仰形態があると思い込んでしまう。それに矛盾を感じることは、その流れからはみ出ることになる。異議を唱えたら、不信仰のレッテルを貼られる。そのようにしてどの集まりも閉塞的になる。そこにいる限りは考える必要はなく、流れに乗っていればよいのだ。

再度理由はともかくとして真剣に怒って神に祈るようなことは、そんな流れから見たら、異常なことだ。怒りが心を乱す情念であるとすれば、平安のうちに流れた霊の世界が、突然氾濫を来たしたことだ。どのような結果をもたらすのか予測がつかない。堰が破れ、濁流はさらにその壁を崩し、家屋を飲み込み、木々をなぎ倒し、野原を覆いつくしていく。見たこともない情景だ。その濁流は、しばらくは止まらない。ほとばしり、でき切るまでは誰も止めることはできない。押し寄せ、渦巻き、引き寄せ、すべてを飲み込んでしまう。

自分は真剣に神に怒ったのだ。真っ黒な空から稲光が天地を突き抜け、雷が全地を震わすように、何のためらいもなく怒りを神にぶつけたのだ。すべてがほとばしり出て、何のわだかまりも残らない。預言者の学校で発声訓練を受けたように、腹の底から息を出し切ることができた。何と気持ちのよいことか。すべてを吐き出したので、それ以上どこにも感情をぶつける必要はない。何と言っても、神には遠慮なく怒りをぶつけることが出来る。神がどのような反応をするのかは分からなくても、しっかりと受け止めてくれる。それで神が傷つくことはない。火を見るほど明らかだ。

こんな関わりが神と許されている。そのように思ったらどうなるだろうか。真剣に神に怒ることが出来るのだ。思い切り怒りをぶつけてみる。気持ちのよいことだ。そんなことはしてはいけないと思っていたが、とんでもない。遠慮なしに神に怒ってよいのだ。誰もが神に怒ることが出来るのだ。そんなことはしたことがない。でもできるのだと思ってみたら、それだけで霧が晴れるように心が明るくなる。不満があっても人にぶつかるのではなく、神にぶつかる。ひとりになって思い切って神に向かって叫ぶ。それは善し悪しの問題でない。実際に自分は、そんなことを考える暇もなく、神に怒って祈ったのだ。天地が張り裂けるほどに怒って祈ったのだ。

そんなに真剣に神に怒ったことはない。不平不満があってつぶやいても、心にあるものを全部吐き出すほどに神に怒りをぶつけたことはない。それはいけないことだとどこかで思っている。自分のなかに怒りがあるとストレートに認める人は少ない。それでもどこかに怒りを持っていることは、苦笑いをしながら認めている。何を怒っているのか分かっているのだ。だからといってそのまま認めることをしない。

そんなこともあって、何人かの友人の牧師に聞いてみた。ひとりだけ、はばかることなく認めた牧師がいる。牧師になってからずっと神に怒っていたという。他の神学生や牧師の説教を聞き、自分はそんな上手には祈れない、うまく話が出来ないと悩み、神にずっと怒っていた。そして神に真剣に怒ってきたことで、神もそれに真剣に応えているという。そんなわだかまりのない神との関わりがこの牧師のうちにある。どこかで突き抜けている。すっきりとしたものがある。今この牧師の働きは大きな実を結んでいる。関心があったので、当時上手に祈り、説教できると思った人たちは今どうなっていますかと聞いてみた。どうもはっきりしないようだという。

この牧師の穏やかさの秘密が分かった。忙しい仕事をして、教会での奉仕も手を抜くことなく、ミニストリーの理事も引き受けてくれている。どのようなことがあっても穏やかさが核になっている。神に怒っていて、人には怒っていないのだ。人には全方位的に開け広がっている。誰とも関わることが出来、誰をも受け入れる。その広がりの深さは、神に怒りをぶつけたために壁が取り払われているためのようだ。結構人にだまされることもあるようだが、恨み辛みは聞いたことがない。垣根がないために、神もどこからでも入ってこられるようだ。自由にこの人を用いるようである。そして、思いがけないことがこの牧師の周りで起こっている。

神に不平があり、不満があり、怒りがあり、それを抑え込んでいると、それが知らないうちにその人の人格になってしまう。怒りの感情がマグマのように熱を持ってその人を温めて、その人の人格を形成する。また、マグマに芽が生え、根を張り、枝が伸びて、その人特有な実を結んでしまう。その人の人格を代弁し、その人の虚構の雰囲気になってしまう。その人と、人ごとのように言っているが、振り返ってみたら自分のことだ。怒りも不平もない穏やかなあり方を求めている自分のことだ。そのマグマを何とか神に触れさせないように、垣根をしっかりと守っている。それでも神は、その垣根を打ち破って、マグマに触れてくる。

[3]ですから、主よ、どうか今、私のいのちを取ってください。私は生きているより死んだほうがましです。」
[4]主は言われた。「あなたは当然であるかのように怒るのか。」

怒っているときに、なぜ怒っているのか説明を始める。相手はなぜその人が怒っているのかは分からないからだ。分かっていたらそれほど怒ることもない。分からないから余計に怒る。ただ怒っていることを分かって欲しいのだ。分かってくれる相手ではないと思うので余計に怒る。どちらにしても自分にとっては不当なことで、納得がいかないことなのだ。相手が自分の怒りを分かっていると思ったら、怒りの爆発は起こらないのだろう。

自分はしかし、相手が神であっても、分かっていないのだろうと思って怒りをぶつけたのだ。あまりに納得いかないので、神に向かって啖呵を切ったのだ。それで、死んだほうがましだと思った。ニネベが悔い改め始めたことで、下すと言っていたわざわいを神は思い直している。神のあり方に反している。矛盾している。異邦の民で、しかも悪に満ちたニネベの町は当然滅ぼされてよいのだ。罰せられないで逆に力を得たら自分たちが危なくなる。そんな務めは割が合わないと思って逃げたわけだ。しかし逃げ切れなかった。それで言われたとおりのことをしたら、彼らが悔い改め始めたのだ。神はご自分の言われたことを反故するかのように、哀れみを示し始められた。そうなら初めからこんな面倒なことをしなければよかったのだ。

私は知っていたのです。あなたは、わざわいを思い直されるほどの、哀れみ深い、恵み豊かな神なのです。ですからニネベに自分を遣わして彼らを滅ぼすように言いなさいというのは、初めから矛盾していたのです。それに、それは自分の責任でもないと思ったのです。それでも、どうしてもそうしなければならないようなことになってしまったのです。ただあなたの勝手な思いに振り回されただけです。もう結構です。死んだほうがましです。ですから、このいのちを取ってください。死んでもよいと思って海に投げ込まれたのです。それでも生きていてこのようなことになったのです。ですから、このいのちを取ってください。

怒っているときには、その内容よりも、ともかく怒っていることを知って欲しいのだ。それさえ分かってもらえればよい。怒っていることが通じればよいのだ。ともかく納得が行かない。相手が神であろうと、納得が出来ないことは納得できないのだ。そんな自分であることは変えようがない。語っていることが、論理的に筋道が通っているかどうかは問題でない。それが問題だという人もいる。神のご性質を十分に理解していなかったからだという。言いたければ言えばよい。そんな人は神に怒りをぶつけることがどういうことなのか分かっていないのだ。その前に、神に振り回されることがどういうことなのか分かっていないのだ。ただ頭で考えて、それが理にかなっているかどうかだけを気にしているのだ。

それでも確かに、自分は神の民の預言者なので、神が異邦の民へことをなさるとは予想もしていなかった。神が自分たち以外にも働かれるとは考えもしなかった。それで言われたときに、とんでもないと思って逃げたのだ。そんな責任を負わされているとは思っていなかった。ただ自分の使命に忠実であろうとした。それが自分の神に関しての理解であった。だから人が神のことをどのように思い、理解しようが、批判は出来ない。自分の民の利益のためだけの神と思っていたのは確かだ。自分の民以外に神が働くとしたら、それは彼らを罰するためである。そんなように思っていたのも確かだ。まして自分がニネベでなしたことが、後々に次の王国の時に自分の民を救う手だてになるかも知れないとは露ほども思いつかなかった。そんなとてつもない計画は想像すら出来なかった。

そうすることが神の計画であったとするならば、自分が怒ることを神は初めから知っておられたと言えないだろうか。どうもそのように思えて仕方がない。自分をニネベに遣わしたのは、ニネベが滅びることを伝えるためである。民も皆そう思っている。自分もそのように教えられ、信じてきた。ニネベの人たちが自分たちを襲ってくるのを恐れていたからだ。それでも神は哀れみ深く、裁きを下すことを思い直されたのだ。そこには計り知れない計画があるとしか言えない。それでも納得できないのだ。

納得できなくて怒りをぶつけることをあなたは初めから分かっていたのです。こうなることを神よ、あなたは初めからご存じだったのです。私はただそのために使われただけです。当然のように怒るのかというあなたのことばを聞いて、私が怒ることをあなたが初めからご存じであったことが分かりました。初め納得できないで逃げ回り、海にまで投げ込まれ、魚の腹の中で三日三晩過ごし、あの灼熱の中を旅してニネベにようやく到着して、言われたとおりに伝えたことで、想像していた逆のことが起こったのです。それで、どうしても納得できなかったのです。

あなたはそれを当然のように受け止めているのです。あなたのそんな泰然とした姿をみていると、私が怒るのを初めから分かっていたように思えます。それも今ではどうでもいいのですが、ただ分かってくださって、私の怒りを受け止めていてくれるのがうれしいのです。あなたにしか怒りを持って行けないのです。もちろんここには誰もいませんので、他の人に怒りをぶつけることは出来ないのですが、ただこのように怒ってでも祈れることは、神の民としての特権です。

私のこんな態度を多くの人はあなたへの不信仰、あなたへの不信、不遜と取るかも知れません。そう思われても仕方がありません。神よ、あなたには不平があっても、何も言わないで我慢し、ただ感謝をしていることが信仰者のあるべき姿のように思われているからです。ですから隠さないで正直に怒りをぶつけるのはとんでもないことと思われているのです。でも今は少なくとも、そんな私を受け止めていてくれることが分かります。ただあなたに遠慮なしに祈ることが出来たのは感謝です。あなたは私が怒りをぶつけても、それに怒りを持って仕返しをすることはないのです。あなたは初めから分かっていたからです。

神に怒りをぶつける。人に怒りをぶつけたらお互いに傷つく。神に怒りをぶつけても神は傷つくことはない。神は初めからこちらが怒ることを知っているからだ。そんな理屈は分かっていても、神に怒ったら逆に神が怒りを持ってこちらを罰するのではないかと思ってしまう。理由はともかくとして怒りそのものが神への不信仰と思っているからだ。でも時には真剣に神に文句を言いたいときがある。どうしても納得出来ないで、神になぜですかと、くってかからなければ収まらないときがある。そんな状況を神は初めから分かっているので、そのことで神がこちらを懲らしめることはない。神はそのようなことで怒りに振り回されることはないのだ。

それにしても神もいろいろな場面で怒っている。真剣に怒っている。それも中途半端ではない。その怒りでこちらも痛い目に遭う。それでも神が怒り狂ってこちらを駄目にしてしまうことはない。時には王様の怒りがその国を駄目にしてしまったケースもある。神はどれだけ怒っても、ご自分の民を駄目にすることはない。それは神の義と愛の現われだからだ。義を通そうとしたら最後までけりをつけなければならない。それが愛で覆われているときには、怒りが義を実現することになる。私たちの間ではそうはいかない。義を通そうと思ったら、深い傷だけが残る。愛だけであったら義が通じない。どちらにしても難しい世界に住んでいる。

ニネベに対する神の思いが、義と愛を基にした神の怒りの現れだとすると、それに巻き込まれたら怒るのは当然だ。そこには神の義がなされるわけで、思いがけないことが起こるのは当然である。理解できないことが起こる。それも避けることが出来ない。無理矢理に巻き込まれる。嵐に遭遇し、闇の世界に引き込まれ、長い旅をし、これが自分の人生かと嘆く。それでも関係なしに最後までつきあわされる。義と愛を基にした神の怒りにつきあわされたら、文句も言いたくなる。

神がことをなされる。それに巻き込まれたら、その先にどのようなことが計画されているのかも、また、生きているうちにその意味を知ることが決してなくても、神は泰然としてことをなされる。そのために誰かを用いる。その人の意志に関わらず、その人の意に反して、ご自分の計画の手だてとして用いる。当人は振り回され、怒りが残ったままでも、神の計画はどんなことがあっても果たされなければならない。それはあたかも、木々をなぎ倒し、家屋を飲み込み、辺りが一変することがあっても、一度発生した台風がそこを通過しなければ収まらないのと同じである。

ニネベに対する神の計画は自分を通して果たされた。その計画は、ずっと先に何か特別の目的を持って放った神の矢のようだ。その矢がどこに向いているのか知るよしもない。矢が放たれたことさえ知ることがない。その知るよしもない先駆けとしてニネベになされた神のわざである。協議することもなく、会議を開くこともせず、相談もすることがなく、了解を得ることもなく、それが召しだと感じることもなく、ただ行けと言われる。当然拒否をする。それでも行かされる。どのような思いを持とうと、そんなことは関係なしに目的は果たされる。こちらが怒ることが分かってもことは果たされる。そこには、台風一過のあとの晴れ上がった空のように雲一つない。明快である。

Mission Accomplished!!（ミッション達成）自分がどのように感じようが、どのように思おうが、神の目的は果たされた。それがどのような意味をもっているのかは、それを記している人も分からなくても、ただニネベへの神の目的は果たされた。異邦の民の船長と船員を用いて、大きな魚を使って、さらに、ニネベの王を巻き込んで、町全体を動かして、神はことをなされた。それはイスラエルのことだけでなく、全世界的なことなのだ。あのヨブに対する答えで河馬やレビヤタンを用いたように、神は大きな魚を用いた。エジプトのパロを用いたように、神は異邦の民と王を用いた。矢はすでに放たれ、視界をはるかに超えた彼方に向かって飛んでいる。止めることはできない。

不信仰、不忠実、それを正すため、そんなことのために自分が用いられたのではない。誰かに何かを伝えるために自分のことが書かれたわけでない。誰かの教訓のためにニネベが悔い改めたのでもない。人間中心の世界でことが収まってしまうようなことはない。ことは全くその逆である。私たちの思いとは関係なしに、神の目的が果たされるために自分が用いられただけである。意に反して用いられただけだ。Mission Accomplished!!　その旗印が高く掲げられた。火を見るほど明らかだ。

「ヨナの怒りとMission Accomplished!!」関心があって日本で30年宣教をした義父である故ライオン宣教師に、このテーマでインタビューを申し込んだことがある。最初の10年は、日立で伝道をした。そのあと20年は多摩ニュータウンでの宣教に関わった。その20年は全勢力を吸い取られるほどの働きであった。その難しさが繰り返し出てくる。何とか形が出来て日本人牧師に引き継いで20数年、ひとり去りふたり去り、全勢力を注いで築いた教会が消えかかっていた。宣教師としては辛いことだと言葉の端々に感じる。

しかし日立での伝道の話になってきたときに、目を輝かせながら、何人かの人が信仰を持って、今は牧師をしているとうれしそうに話し出した。一人の高校生が信仰を持って、自分のクラブの全員を教会に連れて来たこと、いま大阪で大きな働きをしていることを話してくれた。関心があったので日本での奉仕の時に、一度その先生を訪問させていただいた。茨城人なのに大阪郊外の住民に受け入れられて、楽しそうに教会形成をされている。その報告を義父にすることが出来た。大変なMission Accomplishedである。

その多摩ニュータウンで信仰を持った方がいる。義父たちに毎月週報を送ってくれていた。かつて出版社に勤め、今はフリーランス・ライターである。何冊か本を出している。そのような立場なのでこちらのミニストリーにも関心を持ってくれ、有益な情報を教えてくれ、またこの方の関わりにも招いてくれている。それで大きな広がりをいただいている。義父がもたらしてくれたことである。教会は消えても、こちらにとっても大変なMission Accomplishedである。

イエスは自分のことを何度も取り上げている。あのヨブのことを取り上げてもよさそうに思うが、どうでもよい自分のことを楽しそうに語っている。恐れ多いが、ご自分の歩みと重ねて見ているかのようである。三日三晩というのは、紛れもなく墓に葬られてよみがえるまでの三日三晩である。これから起こることとして語っているが、新しいいのちの誕生として必要であると見ていたことになる。イエスにとっては、三日三晩とは明らかに死んで葬られることを意味していた。そうだとするとイエスは、自分が魚の腹の中に三日三晩いたことを死と見ていたことになる。まさに死んだのだ。

また、自分は確かに嵐の中で船の底でぐっすりと寝ていた。そして、ガリラヤ湖で嵐に遭遇して、弟子たちは恐れで慌てふためいたのであるが、イエスも船のともに枕をして寝ておられた。弟子たちに一生忘れられない場面を見せている。自分が沈みそうな船の底で寝ていたのは、異邦人の船長にも忘れられない場面であったかも知れない。そんなことをヤッファ(ヨッパ)に戻って仲間に語ったのであろう。そのうわさはあっという間にニネベに届いたのかも知れない。そんなことを神はニネベ宣教で用いたのであろうか。同様に弟子たちも後の宣教のために忘れられない経験をしたことになる。そんなことがしっかりと福音書に記されている。

ゲツセマネの祈りは、願わくばこの杯を取り除いて欲しいという、人としては納得できないイエスの心の現われである。イエスが怒って祈ったと取る必要はない。避けられないことと分かっていても、可能であるならこの杯を取りのけて欲しいと、自分の心を父なる神にそのまま吐露しているのだ。そう言わなければ通過できないことであった。そして父なる神も、御子なるキリストの心を知っておられた。ともに避けることが出来るならばと強く願う。しかし避けられない現実のゆえに苦しむ。イエスもその心を父なる神にぶつける。

イエスがどのように祈ろうが、イエスを遣わした父なる神の計画は実現されなければならない。厳しいことである。そこに巻き込まれたらば、こちらの思いや感情は問題ではない。それでも納得できない思いにさせられる。それは神には分かっている。その思いを吐き出す場をしっかりと備えている。その前例として自分が立てられたかのようである。イエスを通して神の恵みが異邦人に届くためのしるしなのだ。そのために自分は無理矢理に使われ、遣わされた。同じようにイエスも遣わされたのだ。すべてがうまくいって、納得して、満足して、すばらしい人生であったとは限らないのだ。

イエスが自分の歩みに重ねるようにご自分を見ていたとすると、それにさらに重ねるように、後の人たちが自分たちの歩みを見ることになる。神の目的のために巻き込まれて、納得できないで神に文句を言うことになる。信仰を持ったらばすべてがうまくいき、平安のうちに人生を終えるというのが幻想に過ぎないと分かる。むしろ、自分のように怒り、イエスのように汗がしたたり落ちる祈りを捧げなければ通過できないことに直面する。厳しいことであるが、現実である。

この文章を書いているときから28年前に、全米に散っているクリスチャン留学生のネットワークの交わりが始まった。家族でカリフォルニアに移り住んでしばらくして関わるようになった。その交わりの2回目の夏の修養会の帰りに交通事故に遭ってひとりの姉妹が亡くなられた。修養会で多くの恵みをいただきながら、どうしてそのようなことが起こったのか納得がいかない。家族の方にとってはどうにも受け入れられない。この新しい活動の始まりでどうしてこのようなことが起こったのか誰もが納得いかない。しかし取り返しの出来ない事実として、ことは起こってしまった。

その車を運転していた姉妹がいる。夜道に動物が飛び出て、避けようとして事故に遭ってしまった。隣にいた姉妹が亡くなった。神は、運転していた姉妹が神学校を終わるときにこの働きに召された。しかし、心の中ではこんなことを起こす神は自分の神ではないと、神学校で学び続けている間中、叫びつつ続けた。それでも神はむごいことをするかのように、この姉妹を働きに召された。理事として、姉妹の苦悩を目の前に見ることになった。起こったことも厳しいことであり、それに召される神も厳しい神である。亡くなられた姉妹を覚えて、「一粒の麦」がこの働きのロゴとなった。理事としても真剣な思いで関わることになった。

折々に姉妹の心の叫びを聞いた。毎年事故の起こった現場に出かけていた。遺族の方との関係も難しくなった。それでも神は一粒の麦を確かに覚えていてくれる。留学生の交わりは広がり、帰国者も増え国内での活動も広がっている。それでも姉妹の心は納得しない。なぜなのですかという叫びは消えることはない。深いうめきとして響いている。

当然働きのなかにもその響きは轟いている。できることは、亡くなられた姉妹のいのちをしっかり受け継いで行くだけだ。不思議に、そして確かにその実をいただいている。

2005年の暮れのロサンゼルス郊外のカンファレンスでのことであった。午後の集会で、予告なしに、6人の方が講壇に立ち上がった。その6人が二人ずつ3組になっていることが分かった。初めの組で一人の姉妹が、その年の夏にドラッグの飲み過ぎで亡くなった兄弟のことを話した。続いて一人の兄弟が、亡くなった弟の兄と言うことで、弟の信仰と仲間を知りたくて来ましたと言われた。

次の組は、前の年のカンファレンスで中心的に働かれた姉妹が年明けて癌であることが分かり、その年のうちに亡くなられたことであった。その葬儀が11月に日本であり、参加された方が証をしてくれた。留学生を中心とした若い人たちのこの働きで、すでに召された方々がいる。カリフォルニアの太陽が射す午後であったが、会場は何とも重い雰囲気に包まれた。そうすることが神の導きであったかのように、証が続いた。

3組目になった。最初に先の事故で亡くなられた姉妹の妹さんが話を始めた。家族にとって辛いことで、当然受け入れられない。そのなかで本当に不思議に信仰に導かれた。信じられないことであった。よく前に立って語ってくれた。そしてその事故の時に運転していた姉妹が続いて話してくれた。話すこと自体辛いことである。厳しいことを神はなされる。しかしそんなことがこの働きの初めにあったことを、神がさらけ出しているかのようである。シーンとして若い人びとが耳を傾けている。このことを忘れないように神が仕向けているかのようである。変えることのできない過去を、納得できない過去を抱えながら神の働きがなされていく。「一粒の麦」を神は覚えている。決して忘れない。多くの若い人たちの心に染み込んでいく。しっかりと記憶されていく。

さらに5年後の2010年の暮れのカンファレンスの最後の日に、働きが20年を迎え、カンファレンスが10回目を迎えるに際して、記念の集会があった。先の姉妹が証を始めた。緊張して耳を傾けた。避けられないこととして、その事実を語り出した。神はもういなくてもよいと思った。自分が十字架に磔《は》りつけにされてもよいと思った。いまだに心は納得していない。ユーモアに溢れた明るい姉妹で、一見何の苦悩もないように見える。しかし自分の内で深くうめいている心に耳を傾けながら、絞り出すように語ってくれた。20年を迎えるにあたって、神はまた忘れないように、この事実をさらけ出してくる。

ひとりの命が捧げられた、その事実を神は用いる。それがあたかも神のなしたことのように用いる。それに巻き込まれた姉妹は納得が出来ない。ご遺族も当然納得がいかない。それでいてその事実を神が忘れていないことを示すだけでなく、どこかでそれを確かに用いているかのように働かれる。神の恵みはそのように他の人に届いていく。キリストが避けることの出来ない十字架の道を前にして父なる神に祈り叫んだ。その叫びを父なる神が忘れていないかのように、そしてそれ以上に、御子イエスの犠牲を用いてより直接に働かれる。神の恵みはそのように私たちに届いてくる。

むごい神なのか、罪の世にはどうしてもむごいことが避けられないのか、どちらにしても神のわざに組み込まれたら、何とも納得がいかないことが起こる。それでも神のわざは厳粛に果たされていく。そして、そのことで誰かが恵みにあずかる。罪に満ち、矛盾だらけの世に神のわざがなされるために、避けられないことだ。そこに巻き込まれた人はただ納得できず、怒りさえ覚える。また誰かが痛い思いにさせられる。それでも神の計画は紛《まご》うことなく果たされていく。そんな先駆けとして自分が立てられたと言えるのか。迷惑なことだ。当然そんなことには巻き込まれたくない。それでも避けることが出来ない。「願わくば」としか言えない。

8　神の前のヨナは（四：五〜一一）

5 ヨナは都から出て、都の東の方に座った。そしてそこに自分で仮小屋を作り、都の中で何が起こるのかを見極めようと、その陰のところに座った。

故郷を捨て神からも確実に逃れたつもりでも、結局は捕まり、それ以上に翻弄されたようにここまで来た。全く意に反することに巻き込まれたのだ。ましてニネベは滅びなければ、逆に自分の国も民も危険にさらされることになる。それなのにどういう風の吹き回しか、彼らが悔い改めを始めたのだ。四十日したら彼らが滅びるところを見てみたいと思ったが、とんでもないことになった。どうなっているのだ。そんな思いを正直に神に語ったのだ。

それで神はそんな自分を罰するのかと思ったが、何かこちらの怒りをそのまま受け止めているようだ。自分としてはこのまま消えてもよい。そのほうが納得できる。神の書から消されてもよい。そんなことを言ったモーセの気持ちも分かる。モーセにそうされなかったように、自分にもすぐには罰を下すことはないのだろうか。自分が怒ったことは良かったのかと、逆に問い返している。どっちにしても神は自分の怒りをじっくりと受け止めているようだ。

正直、神に怒りをぶつけるのは、気持ちがよい。こちらがどんなに怒りをぶつけても、神は同じようには怒りを持って懲らしめることはない。むしろ、それをしっかりと受け止めてくれる。多くの場合に、神は初めからこちらが怒ることを分かっている。その怒りを人にぶつけるのではなくて、自分に向けることを神は待っていてくれるのだ。神のふところは計り知れないほど深いからだ。しかしまた、こちらの悪や罪や不正に対しての神の怒りも、とてつもなく深い。ノアの洪水のように全地を飲み尽くしてしまうこともあるのだ。

悪や罪や不正でなくて、納得できないことで怒りを覚えることに関しては、神はじっくりと構えている。こちらの怒りに合わせて行動されるようなことはない。こちらが怒ることを分かっているので、そのままぶつけてくれることを待っておられるのだ。人に怒りをぶつけてしまったときには、どんな反応が返ってくるのか心配になる。神にはそんな心配はない。神のすごさなのだ。

それにしてもニネベで神に怒って祈ったら、神は返事をしてくれた。神はニネベにいるのだ。この異邦の大きな町のなかで起こることを見ているのだ。感覚としては、正直に言うと、神は自分たちの民の神と思うので、自分たちの住まいと国にいて、それ以外は遠くから見ているだけのように思うのだが、今は明らかにこのニネベの町にもいて、自分のしていることも町の人たちの反応もしっかりとご覧になっているのだ。神はどこにでも存在しうると頭では分かっていても、感覚的にはどこかで自分の概念の世界に閉じ込めている。そんな感覚を今は取りのけられる。

確かに自分はタルシシュまで行けば神から自由になると思っていた。あのダビデも神の手の届かない海の果てがあると思っていた。これ以上は神も入ることのできない領域があると思っていた。また、神の民以外には関わらないと勝手に思っていた。教会の外は神にとっても別の世界と決めてしまっている。神には、時間と空間のその前もその後も、その上もその下も全く関係がない。現に今ニネベで自分に語りかけている。そうであれば逃げられないのは当然だ。

神に怒ったことで、神の存在が何とも言えないほど確かになった。この照りつける太陽のように確かである。怒りを自分のうちにためて悶々としていたら、神は遠くにいたままだ。今は神とのパイプが広がり、神の存在を身近に感じる。その分、本当はもう自由にしてください、といいたいのだが、これからのことも自分なりに見届けていかなければならない。四十日すると、というのも気になる。その時にはその通りにニネベは滅びるのであろうか。怒った分だけその責任を取る必要がある。神の前での責任問題だ。何をすべきか。もう少しこの町の様子を見て、ことの成り行きを見きわめることだ。

ニネベの東側に小高い丘がある。そこに行けば町全体の様子を見ることができる。そうすることが、神に怒った者としての責任問題だ。それでどうというわけでもない。神のニネベの思いを変えることはできない。ただ自分なりに責任を取っておきたいのだ。見きわめて自分なりに受け止めたいのだ。時間がかかるのかも知れない。それでもここまで来たらあわてることもない。腹をくってしっかりと成り行きを見極めることだ。

それにしてもこの小高い丘の上では太陽を遮るものがなくて暑い。木陰もなく、太陽が一直線に照りつけてくる。少なくともこの太陽を遮るものがあると助かる。仮小屋でもシェルターでも何でもいい。木陰になり、時には横になれる場所があればそれでよい。誰かが持ってきたのであろうか、古木材が所々に落ちている。それを組み立てれば多少なりとも木陰は作れる。またこの小高い丘の脇に井戸があるので、喉の渇きはしのげる。食べ物は必要なときに町に降りていって分けてもらえば何とかなるだろう。冷たいペットボトルをどこでも手に入れることができ、コンビニでいつでもお弁当を買えるような時代ではないのだ。

何とか木陰を作り、陽光《ひ》をさえぎって、このように座って、多少なりともホッとして、眼下にニネベの町を眺めていると、今ここにいる驚きと不思議さを感じる。圧倒的な神の主導権とそれに翻弄《ほんろう》されてきた不安定さとのギャップだ。自分で計画をしたわけでもなく、むしろ逆らって逃げたつもりであるが、どうもそれは自分のほうでそう思っただけで、神は自分の逃げ道をも知っていて、しかもそれを上手に用いて、結局はニネベに対するご自分の計画を完璧になし遂げているようだ。

あの船の出来事も水夫たちを通して、このニネベにうわさ話のように伝わっていて、その張本人である自分が「あと四十日したら」と歌い文句みたいに大声で語ったことが、思いがけないインパクトを与えたようで、何とも不思議な気がしてならない。今はこうして木陰にすわってこの町を眺めているが、そんなことに組み込まれて、分けもわからずに旅をした自分がまたうそのようだ。自分でない自分を生きている感じだ。自分と乖離《かいり》した自分が今ここに座って、自分の思いとは別なことが起こっている町を見おろしているのだ。

怒りは、すでに一度吐き出したので、激しく燃えるものはない。今はただ自分のなかの乖離に驚いている。でもよく考えてみると、それが神のわざに組み込まれたときに誰もが経験することなのかも知れない。預言者でも、祭司でも、宣教師でも、牧師でも、もちろん信徒でも、神が何かをされるときにはこちらの思いとは明らかに異なっているので、どうしても自分でない自分を経験させられる。自分を保っていたら神のわざは前進しない。船に乗るまでは思い通りに行動していたが、嵐に遭遇し、大きな魚の腹の中で何日間を過ごしてから、文字通り自分でない自分を歩まされたのだ。

それが身代わりだとはとても言えないが、しかし少なくとも自分のための人生ではなく、誰かのための人生であることも事実だ。多少なりとも神のためとは認める。その代わり、納得のいかない面をも神が引き受けてくれなければまた気が済まない。その意味では怒りをぶつけられたのは感謝なことだ。怒りに怒りで応えられたらとてもやっていけない。このように多少なりともホッとしていられるのはそのためだ。

神のわざに組み込まれると簡単に言っているが、自分は今だにニネベに対する神の計画を分かっているわけでない。むしろ何も分かっていない。ただこれほどまでに神がニネベにこだわるのには何か意味があるからだろうと分かる。この後、一度アッシリアが復興して自分たちを攻めにくることになったり、さらにバビロン帝国になって自分たちが捕囚の民として匿《かくま》われたりということになると、このニネベに対する神の思いの深さに納得できる。もちろん今の自分はそこまでは分からない。ただ神だけが分かっている深い計画があるのだろうと想像しているだけだ。

その意味では今納得できないことがあっても、その背後に神の計画が隠されていて、こちらが知り得ないずっと先で意味をもってくることが分かる。それでも現実には理解を越えているので、なぜなのかという思いを抱くのだ。そしてそんな思いをこちらが持つことを神は初めから分かっているのだと、このように木陰にすわっていると認めないわけに行かなくなる。眼下のニネベの町を見ながら、何はともあれ、こちらが怒ることを神は初めから分かっていたのだと、自分に言い聞かせている。

それでも納得のいかないことに直面させられるのは嫌なことだ。何とか避けたい。それが本音だ。面倒なことが起こらないように注意している。それでも起こってくる。ましてや、起こらないように祈るのが信仰になっている。すべてが平穏のうちに人生を終わるのが信仰者の生き方になっている。それでも思いがけないことに遭遇する。このギャップが人生を考え、神を思う手だてになる。そのズレが人生に対する深さを与え、神への信仰を深める。それでも現実には嫌なことだ。

それでも、今自分はこのように生かされているし、それなりに神のわざを理解して、多少心穏やかにしていられる。現実に多くの人が大変な試練に直面させられている。自分の民たちもよく生き延びている。もちろん自分たちの悪のゆえに試練に遭っている面もある。それでもなお神を信じて歩んでいる。たとえ納得できなくても神への礼拝を中心に生きている。どんな試練も困難も神は知っていてくれると思うからだ。

何とか安全な港に停泊して平穏な生活を送ることだけが祈願であると、どのようなことも、ただ自分なりに納得できるように考え、まとめていく。神学がそのような営みを支えている。そして、すべてを自分たちの築いた神学の体系のなかで意味づけていく。教会がその安全な港であるかのような錯覚に陥っている。しかし、旅人である限り、そんな安全な港はなく、道に迷い、海の難に遭い、敵に襲われ、病に倒れ、そして人生の終わりを迎えるものだ。教会も仮の宿であると自覚しておく必要もある。この仮小屋よりはましであるが。

思えばニネベに到着まで随分変わった旅をさせられた。嵐と、水夫たちと、大きな魚の腹の中であった。後の人たちがどのように理解するかは自分の関わることではないが、多分象徴的というか、比喩的な意味も感じ取るだろう。人生の海の嵐であり、隣人としての異邦の民であり、それこそ三日三晩の魚の腹の中である。神がそれらのことで意味しようとしていることと、実際に人がその人生で経験することとがどこかで結びつくからである。どのように結びつけるのかはその人に任されている。自分のことはこれ以上付け加えることも削ることもできない。それでもそこから何かの意味を受け止めてくれたらうれしく思う。

ずっと後に、しかも何千年も後に、その人も全く特異な人生の旅をした同胞が、自分たちは問われた問いにもう一つの問いを持って答えると言っている。本の題名も『問いの書』（エドモン・ジャベス著、書肆風の薔薇、１９８８年）となっている。今その意味が多少なりとも分かる。たとえ神のわざは明確でもそれに組み込まれたら、どうしてという問いがいつまでも残るからだ。それは答えをもたらすのではなくて、もう一つの問い、神は何をされようとしているのかという問いでしか応えられない。すべてを自家薬籠《やくろう》中のもの（自分の薬箱の中にある薬のように、自分の思うままに使える物、または人。）とし、これで神のことは分かったということはないのだ。神はいつも働かれておられるので、それを追いかける問いだけが出てくる。それで、神はニネベを通して何をなそうとしているのか、新たな問いが浮かんでくる。その先のことは自分の関わることではないが。

思えば神から逃げてきたが、結局は神のことをいつも考えていた。あの大きな魚の腹で、自分のしたことと考えたことを振り返ったが、それはそのように仕向けた神のことを思っていたのだ。さらに、同じように先祖たちの歩みと、その歩みをもたらした神のみ手のことである。自分たちの歩みとその背後の神のみ手を切り離すことはできないのだ。神のことを抜きにしては自分たちのことは語れない。神から逃げられない民なのだ。自分も神から逃げて、逆に神をより深く考えるようになった。神学的な抽象的な神ではなく、歴史的な具体的な神のことだ。圧倒的な神のわざで、代々に渡ってしっかりと記憶されていく。当然文字として記録され、今では誰でも読むことができる。それでも、記憶の歴史としては自分たちだけのものである。

今この小高い丘の上で座っていると、ここにまで至った歩みを振り返ることになる。瞑想深くなったわけでもないが、泉のように思いが湧き出てきて、思い巡らすことになる。それも民たちがその折々にしてきたことだ。民の歴史と神の歴史が重なっていて、思いと感情が湧き出てくる。それが歌となり詩となって唱われてきた。即興詩として誰かが歌い出すと、他の人の心にも響いて、合唱になる。ある詩は書き記されて残る。メロディーはその都度ことばに合わせて出てくる。そんな自分の民の歌が心の深くに響いている。自分たちは歌の民でもあるのだ。

疲れも溜まっていたのか、しばし意識が遠のいて眠りの中にいたようだ。短い夢を見る。夢が短いのか長いのかは計りようがないが。時間と空間を簡単に飛び越えて一瞬のまたたきのように、眼の後ろというか脳裏の中というか、夢用のスクリーンに展開される。この小高い丘の上でニネベの町を見下ろしていると思ったが、どうも南の方から自分の民が上って来ているようだ。誰にもニネベのことを話したことがないのに、自分を探しに家族と民たちが向かって来ているようだ。どうして自分がここにいることが分かったのかと聞こうと思ったが、そんなことは初めから分かっていたような顔つきで聞きそびれてしまう。でもよく見ると顔は疲れ切って、誰もが焦燥した姿であった。生き延びられるのか分からない不安を抱えている。なのに、なぜこのニネベに向かってるのだろうか。何が何だか分からなくなって、立ち上がって手を挙げて、どうしてこんなところに来るのかと、同胞に向かって叫んでいたら目が覚めた。

それが夢であったと気がつくのにしばらくかかった。あたりを見回し、自分の座っているところを確認して、意識が戻っているのを確かめる。確かに意識は戻っている。そして夢のことを考える。自分の民が自分を探しに来ているようでもあり、逃げてきているかのようでもあるこの夢は、自分がニネベに遣わされたことと何か関係があるのだろうか。疲れきって焦燥しきった民たちの姿は何を意味しているのだろうか。夢はどこか現実的で、どこか全く非現実的である。そのようなのでよりその意味を考えてしまう。それはまた夢の中でしか答えがないのかも知れない。しかし、夢のなかの答えは、答えになっているのか、いないのか。それ以上考えるのをあきらめる。

6神である主は一本の唐胡麻《とうごま》を備えて、ヨナの上をおおうように生えさせ、それを彼の頭の上の陰にして、ヨナの不機嫌を直そうとされた。ヨナはこの唐胡麻を非常に喜んだ。
7しかし翌日の夜明けに、神は一匹の虫を備えられた。虫がその唐胡麻をかんだので、唐胡麻は枯れた。
8太陽が昇ったとき、神は焼けつくような東風《ひがしかぜ》を備えられた。太陽がヨナの頭に照りつけたので、彼は弱り果て、自分の死を願って言った。「私は生きているより死んだほうがましだ。」

木陰で知らないうちにまたうとうとしてしまった。気がつくと、日陰が広がり、草木の臭いが漂っている。目を開けて見ると、唐胡麻が自分の上を覆っている。知らないうちに芽を出し、幹が伸びて、大きな葉を作り出していた。成長の早い木と聞いているが、気持ちのよい日陰を作ってくれてありがたい。神がそうしてくれたといっても今は驚かない。嵐の海に投げ込まれて大きな魚で助けられたことを思えば、昼寝をしている間にこのような日陰《ひかげ》を用意してくれたとしても驚かない。どこまでも神は自分のことを放っては置かないのだ。最後まで気にかけていてくれるのだ。

放って置いてくれたらばと思わないこともない。意に反することをさせられ、それで我慢がならなくて怒りをぶつけたので、後は放っておいてくれたらば、内にある感情をおさめることが出来る。たとえこのニネベの町が悔い改めて、裁きを逃れて、町として国として力を回復して、その結果自分たちの国が苦しむことになっても、これ以上自分が責任を感じる必要もないだろう。当分はことが収まるまでは故郷には帰れない。そういう人生なのだ。だからもうこれ以上構わないで欲しいとも思う。でもそうはいかないのかも知れない。

それでも、植物が近くにあるというのは何とも気持ちのよいものだ。新鮮な匂いがして生きた心地がする。仮小屋ではたとえ陽を遮ることができても、熱風はそのまま体を打ちつける。唐胡麻の木陰だと草木の放つ匂いが渇いた熱風を和らげてくれる。怒って神に言いたいことを言った自分を慰めてくれるための神の配慮なのかも知れない。怒ることは正しいのかと言われたが、多少とも怒ったことを認めてくれたのだろう。その辺はよく分からないが、ともかくこの唐胡麻はうれしい。

それでも先の夢のことが気になる。自分の民や家族が疲れ果てた姿でこの北に向かって上ってくるイメージがどうしても心から離れない。自分がニネベという異邦の町に遣わされたことに、何時か何らかのかたちで自分の民が関わってくるのかも知れないと、全く漠然とであるがそんな感じがしてくる。預言者としてまさに自分の民のために召されたと思っている。それは今でも変わらない。それで、ニネベに行きなさいと言うことはどうしても納得いかなかった。それでも、結局は逃げられないで回り回ってニネベで神のことばを語ることになった。それが間接的であるかも知れないが自分の民に関わってくるのかも知れない。そんな気がしてくる。そうであれば、自分はやはり神の民の預言者なのだ。

そんなことを思うと自然に故郷のことが懐かしくなる。家族や友人たちはどうしているのかと思う。まして、民がこの北の国に関わることになるのだろうかと思うと不安になる。民も神にそむくようなことを繰り返ししてきている。だから神が何かを計画していると思ってもおかしくはない。それが何であるかは全く分からない。それでも、もしかしたら自分が含まれているのかも知れない。故郷に帰って自分のしてきたことを話してみたい。誰も理解してはくれないだろう。もともと預言者は、民が喜ぶことだけを語るわけにはいかないが、それでも自分のしてきたことは喜んではくれないだろう。だから故郷のことを思ってもそう簡単には帰れない。そもそも故郷はないのだ。

父祖アブラハム以来、生まれ故郷を出て約束の地を求める民であることを強いられている。エジプトを出て乳と密の流れる地を約束の地とあこがれてきたが、そこでも自分たちの罪とかたくなさもあって落ち着くことができない。そんな流浪の民である自分たちの特異性を思わないわけに行かない。神がそれを仕向けているとも言える。離散の民としてすべての地に民を散らすことを仕向けているかのようだ。現実に、それが神のミッションのように全世界に神の民を散らばせている。

そんな生き方を否定するように西洋の社会は自分たちにとって安全な港を築いてきた。しかし、そんな安全な港は一時的なものにすぎないことを人は知ることになる。戦争があり、災害があり、絶対にこれで安全だと思えるものはこの地にはない。故郷も結局は一時的なものにすぎない。故郷がない自分たちにとって、書物が故郷だと言った同胞がいる。歩みが記されている書物が帰ることの出来る故郷であって、国として、町としての故郷はどこにもないのだ。そんな自分たちのあり方が特異なのではなくて、それがまさにこの地上での人の歩みではないかと思わされる。いろいろな面で行き詰まりを来たしている社会で、これが確かなものだと思われていたものが崩れかけている社会で、多くの人がそんなノマド的（遊牧民的）な生き方（場所や時間を自由に選択して仕事をする人。）に注目している。

唐胡麻の木陰のお陰で様々な思いにふけることができた。そのように神が慰めてくれたのだと思う。よくやったと言ってくれているかのようだ。そして自分の役割はもう終わったので、このまま神の劇場から引き下がらせていただけると思ったが、どうもそうではなさそうだ。ここまで自分のことをかまってくれた神なので、なおこのままでは終わらせないのかも知れない。案の定、次の日になったら唐胡麻は虫にかまれて枯れてしまっていた。何と言うことか。意地悪をしているわけではないのだろうが、神はまだ何か言いたいことがあるようだ。

現に太陽が昇ってきて、いつものように暑さが増してきて、吹き込んでくる熱風はいつもより激しい。暑さには慣れているとはいえ、この熱風は耐えられない。食べ物も底をついてきて、水もなくなってきている。頭がぐらついてくる。昨日は唐胡麻で慰めをいただいたが、今日は反対にこの照りつける太陽と熱風だ。何かを神が語ろうとしているのか。神は決して放っておかないのだ。いつまでも関わって来る。その意味ではしつこい神なのだ。

そのしつこい神に絡まれてニネベにまで来た。言われたとおりのことをしたが、どうにも納得がいかなくて怒りを神にぶつけたのだ。それをしっかりと神は受け止めてくれたように思う。それでも神にも納得できないことがあるようだ。それでいつまでも自分に絡まってくるのかも知れない。ただ自分としてはもう結構だという思いがある。少し放っておいて欲しいのだ。でもこの暑さで意識が朦朧《もうろう》としてくる。何と言うことだ。このまま死んでもいいほどだ。

思いがけない預言者としての人生を送ることになった。ニネベという全く異邦の民の町に遣わされたが、それも自分の民に関わることかも知れないと思うようになった。それでももうどうでもよいことだ。このまま故郷には帰れないし、自分のことを誰がどのように思おうと今さら気にする必要もない。それなりに使命を果たしたと思うから、このまま死んでもかまわない。しかしそう簡単には神は死なせてくれないのかも知れない。しつこいのだ。

9 すると神はヨナに言われた。「この唐胡麻のために、あなたは当然であるかのように怒るのか。」ヨナは言った。「私が死ぬほど怒るのは当然のことです。」
10 主は言われた。「あなたは、自分で労さず、育てもせず、一夜で生えて一夜で滅びたこの唐胡麻を惜しんでいる。
11 ましてわたしは、この大きな都ニネベを惜しまないでいられるだろうか。そこには、右も左もわきまえない十二万人以上の人間と、数多くの家畜がいるではないか。」

自分は唐胡麻のことで怒ったつもりはないが、神はそのことで怒るのは正しいのかと聞いてくる。すでに怒りをぶつけ、それなりに収まっているので、どうでもよいというか、どうしようもないことだ。ニネベのことはそれなりに意味があると思えるので、今は納得している。しかし神は自分がまたしても怒ったことを気にかけているようで、唐胡麻のことで怒るのは正しいことなの、と聞いてくる。それで、また怒ったときの感情がよみがえってきて、その時に言ったようなことをもう一度繰り返すことになった。

ニネベのことで怒ったのは自分としては当然のように思っている。ただその怒りは、それなりに収まっているが、そのことを神はもう一度ついてくる。ということは多分ニネベは神にとって特別の意味があるからかも知れない。その意味を全面的にこちらが把握しかねるのも事実だ。何といっても先のことは神のみ手の中のことで、こちらの理解を超えている。ただ分かることは、怒ったときの感情を神がもう一度よみがえらせてくれるので、自分をあえてニネベに遣わした特別の思いを知らせたいのかも知れない。

そのために、唐胡麻のことをニネベとパラレルに出してくる。唐胡麻の恩恵にあずからせることで、こちらに何かの意味を伝えているのだ。単にたとえであれば、元の事実を理解するための手段にすぎないが、パラレルは両方の意味合いを直接的に関わることで理解させせられる。すなわち、自分がニネベに直接に関わり、唐胡麻にも直接に関わることで、その両方の意味合いを直接的に体験することになる。ニネベのことがそれほどまでに神にとって大切なことを、唐胡麻を通して分からせようとしている。唐胡麻のことで怒ったことで、ニネベのことをもう一度思い起こさせてくるのだ。

その辺の神の誘導尋問は、一瞬の隙もなく的をついてきて、鋭いものがある。ご自分の伝えたいことに有無を言わさないで導いていく。次元の違うやり取りで、神のニネベへの思いを伝えようとする。それで、当の本人にも把握しきれない何かの計画があるのだと分かる。たとえ当人は分からなくても、神には意味があるのだと分からせようとしている。神の熱心さだ。極端なことを言えば、自分はただそのために使われただけと言える熱心さである。ニネベに対するご自分の思いを、唐胡麻を使って言おうとしているのだ。

結局は、自分がどう思おうが、どのように感じようが、どうでもよいことなのだ。神はただ、ニネベに対して特別な思いを持っていることを伝えたいのだ。言いたいことだけを述べて終わっているのもそのためだ。別にひがんだり、へそを曲げたりしているのはない。最後の最後は神の道を通らなければならない。それでいいのだ。そうでなければ神の計画は実現されない。厳しいことであるが、それが人に対する神の関わりでもある。

あの救い主であるイエスが自分のことをよく引き合いに出しているのも、同じ思いからではないか。何といっても、主イエスは自分のことが大好きだったのだ。人としてはこの杯が取りのけられることを願うが、最後の最後は父なる神のみこころがなされることに道を譲る。それ以外にない。それは父なる神にとっても辛いことである。しかし神の計画が果たされるためには、時にはそんな厳しいところを通される。御子であるイエスが十字架の道を通る以外にどこに救いの道があるというのか。それはどちらにとっても辛いことである。

そんな神の思いが伝わってきて、最後は黙る以外にない。それでも、怒りを引っ込めることを神は別に求めていないようにも思う。ただ神の強い思い、ニネベに対して特別な思いがあることが明らかになった。それでよいのだ。これ以上云々《うんぬん》すべきでない。神の意志が通るときには、それに巻き込まれる人も怒りを覚えることを神は知っているし、受け入れている。またこちらとしても、怒りを直接に出したことで神の思いの深さをより知ることになった。どちらにしても、神の計画は果たされていかなければならないのだ。厳しいことであり、厳粛なことだ。

安心して停泊できる港を求めるためだけで神と関わっていると、そんな神の取り扱いは厳しすぎて耐えられない。そんな神であれば結構だと思ってしまう。しかし現実には、そのような意味合いでしか神と関わってこなかった。またそのように聖書を捉えてきた。試練の時の堪え忍ぶ道筋を、困難の時の逃れの道を、先が見えないときの道しるべを、何とか聖書から探り出し、またそのように教えてきた。まさに「初めに不信仰ありき」ということで聖書を読んできた。しかし安泰のための信仰、安心立命のための祈り、確かさの獲得のための聖書、そんなことでは捉えきれない厳しいことが神の世界では起こる。自分は少なくともそんな神に巻き込まれたのだ。

神の口からニネベにいるおおよその人口と多くの家畜のことまで出ている。ニネベに対して特別な神の思いが分かる。ニネベの王の出した布告にも家畜が含まれていた。自分の神も同じ思いを表明している。神の救いには当然神の造られた創造物が含まれる。あのノアの時にもどうであった。そんな伏線があって家畜にまで悔い改めを布告することになったのかも知れない。そんなノアのことも王は耳にしていたようだ。

よく考えるとニネベが悔い改めたとは明記されていない。ただ神の働きがあったことは確かだ。特に王と大臣までも含まれたことで、神の介入が歴史的な事実として王の年代記として受け継がれることになる。それが次の帝国の王にも受け継がれ、捕囚されていく自分の民への取り扱いに関わることになるかのようである。

町がどのようになるのだろうかと思って、この丘の上に来たが、そこで何を見たのかは問題にされない。ただそこで、なお神が自分を通して言いたいことがあって唐胡麻を通して関わってきたのだ。自分がどのように感じているのかは問題ではない。気にかけていてくれることは分かる。ただもっと大切なことを、自分を通して言っているだけだ。別にひがんでいるのではない。そうなのだと言いたいのだ。

神のわざに関わった人が、そのわざの違いがありながら、みな似たような思いにさせられる。少なくとも関わった人の幸せのために神が存在するのではないことは確かだ。こちらの幸せと祝福を約束してくれているが、神は同時にもう一段上の世界でことをなされる。それでも単に、こちらを道具として使おうとしているのではない。神の厳しいわざに関わらせることで、栄光に輝く目標に導こうとされているのだ。あの救い主も十字架の上で見ることのできた栄光である。自分も神の一大事業に関わることで、神との思いがけない交流をいただいた。神の厳しさは神の栄光なのだ。

神はこの世に深く関わっていてくださる。それでもこの世の繁栄や、人の幸せが究極の目的ではない。その違いと差異を見きわめることが難しい。その差異があるのでこちらとしては思いがけないことに直面する。納得がいかなくて慌てふためき、もがき、時には怒る。そうでありながら神はその差異の向こうに導こうとされる。差異のこちら側に神を引き下ろして納得のいく信仰生活を送ろうとしてもそうはいかない。そんな綱引きを神としているのが現実であるが、実際にはみじめである。神は無理には綱を引こうとはされないが、また決してその綱を放されることもない。逆に綱をたよりにその差異の向こうに入ることを求めている。たといそれがどんなに厳しい世界であっても、この世とは異なった栄光がそこに待っているからだ。

その手前で思いもよらない旅をすることになった。いまだに自分はこの名もない小高い丘の上にいる。故郷を出てからの歩みが空の雲のように心のまぶたに浮かんでくる。全くとんでもない旅であったとも言えるし、何か深い納得をいただく旅でもあったと言える。向こうに沈みかけている夕陽が、ともかくここまで辿り着いた自分にエールを送ってくれているかのようだ。天空に取り残されたわずかな夕焼けは、神のわざの残り火で照らされている自分の心のようだ。

おわりに

神に真剣に怒りをぶつけることになったヨナの思いを、ヨナになったつもりで追ってみました。神の思いと計画に振り回されたヨナが、どうにもならなくなって怒りを神にぶつけたことが、むしろ当然のように思えてきたからです。当然と思えてきた分、ヨナの不信仰のことだけが取り上げられてきたことに違和感を覚えてきました。そしてもしかしたらそんな理解にヨナ自身が怒っているように思えてきたのです。そうしたらヨナの怒りが今もそのまま伝わってきたのです。その怒りを感じながら、ともかくヨナの歩みを辿ってみたくなりました。

ヨナになったつもりで辿りながら、ヨナの思いを想像することになり、さらにこちらの思いも投影することになりました。ヨナの歩みに導かれながら、こちらも歩調を合わせながら、語り合うことになりました。経験したことは全く異なっていながら、共鳴する面が多くあることが分かりました。取りも直さず、神への怒りはこちらを自由にしてくれました。しかも、ヨナは怒ったまま神の劇場から退場しています。それでよいのだと納得しました。

ヨナと比べたら取るに足りないことであっても、似たような状況に置かれ同じような思いに誰もがさせられます。人ごとではなく、むしろ自分のことです。ただヨナは振り回されて、どうにもならなくなって思いを神にぶつけただけです。そして怒って神に祈ったことで、神とのパイプが太くなったのです。そもそもヨナが怒ることを神は初めから分かっていたと言えるのです。今ヨナとの旅を終えて、まさにそうなのだろうなと納得をいただいています。

確かにヨナの場合にはニネベへの宣教という特別な使命がありました。しかし人生で自分の思いとは関係なしに、むしろ思いに反して振り回されるようなことは誰にでも起こりうることです。というより、そのこと自体がまさに人生だと言えます。そう思うと、神に振り回されたとまでいかなくても、たとえ神の導きであってもどこかで思い通りに行かなくて、神に対して悔いや憤りを誰もが積み重ねていると言えるのではないでしょうか。

そう思えてきたら、男性だけの集会で、直接的に怒りについて取り上げてみたいと思いました。クリスチャンでも誰もが何らかの怒りや憤りを抱えているのだろうなとは感覚的には分かっていました。それで思い切って、避けないで直接的に取り上げてみたらどうなるのだろうか。ヨナのようにニネベへの宣教という大儀はなくても、神のためにと思って人生をささげている牧師も信徒も、神の前に怒りを持って出ることができるのではないだろうか。遠慮なしに取り上げてみたいと思いました。ヨナという先達がいるからです。

男性の牧師たちだけでセミナーを、小高い森の中の静かな施設で、数年もってきました。多少恐れがありましたが、「牧師の怒り」とまさに正面から取り上げてみようと思いました。ヨナの怒りに触れながら、牧会者として、個人として、自分のなかの怒りを振り返る作業に取りかかりました。ヨナが怒ることを神はどこかで仕向けているのではないだろうかというこちらの発言に、戸惑いを覚え心に引っかかるものを持った牧師がいました。確かに十分に説明しきれなかったこともありました。夜の集会が終わってからも、その点について再度質問してこられました。

この方のなかにある怒りを、それを神が仕向けたことであったならばということに、それこそどうにも納得いかなかったようです。ご自分の生い立ちや背景のことも含めて、人生に対してどうしても受け入れられない、怒りに似た思いをずっと持ってきたのでしょう。それを神が仕向けたとしたならばという、どうにもならない思いに駆られたようです。その場でまさに怒りをぶつけだしました。体が震え、うずくまり、立ち上がり、しばらく叫び続けるだけでした。幸いこの方を知っているもうひとりの牧師も同席してくれたので、ふたりでこの方の脇を支えるようにしていました。

その後この出来事を振り返って手記を送ってくれました。抜粋してみます。

「神に対して怒った。これまで神に対して怒ったことがなかった。むしろ、怒りについていやしを求めていた。カウンセリング的な方法で。何が怒りの根源か、探ることによって。今回のセミナーで、それがひっくりかえされた。

一通り話し、話しをやさしく聴いてもらう中で、このつらい痛みのある状況を通るように神が差し向けられたのならば、そんなのは赦せない、それはないでしょうとの思いがこみ上げてきた。それはないでしょう、と思う中で、その時に、怒りがこみ上げてきて激しく怒った。何を叫んだのか、よく覚えていないが。立ち上がり、天を見上げて、おえつして。ちくしょう、バカやろう、わかってんのかー。飛び上がり、どんどんしながら。体をのけぞらせ、体を折り、激しく怒る。何度も、何度も。押さえ切れない思いを、たががはずれたように。体がふるえながら、ようやく怒りを出せたと、すっきりしながら。

翌日のセッションで、もし神に怒りをぶつけたら、どのような思いが出てくると思うか、との問いで、いろいろと思い巡らして書き留めた後に、〈自由――子どもが父のいるところで、草原で、安心して、自由に、ふうせんを追いかけている〉イメージが浮かんできた。」

静かな施設であったので、その叫びは、建物の反対側の食堂でお茶を飲んでいた方にも、自分の部屋に戻られた方にも聞こえました。次の日の朝の集会で、この方が前日の自分の叫びを語られました。その場の反応を聞いてというか、見てと言ってもいいのですが、大げさかも知れませんが、他の牧師たちがこの方の叫びを自分の叫びのように受け止めているように思えました。自分の代わりにこの方が神に怒りを持って叫んだかのように受け止めているようでした。少なくとも否定的に取る人はいませんでした。

今でもこの方の叫びが届いてきます。まさに自分に代わって神に怒りをぶつけてくれたと思うと、自分の心が広がって行きます。怒りで堅くなっている心が破れて、その破片が宇宙空間に飛び散っていくような感じをいただくのです。まさにこの方の叫びは自分の叫びだったのだと思えてきました。あとでその集会に参加していた牧師と別の機会で話し合ったときにも、同じような感じを持たれていたことが分かりました。この牧師も自分のなかの怒りに正直に向き合っているようでした。

このことで勇気をいただいたこともあって、そのあと秋田の十文字というところでの男性集会で、同じように男性の怒りを直接的に取り上げました。男性集会を何度もしてきたこともあって、参加者は自分のことを話さなければならないと分かっていました。それでもいつも結構な人数の男性が参加してくださいます。そのような雰囲気で、男性としての自分の怒りを、避けることなく分かち合うことができました。

70歳代と思われる男性のところに順番が回ってきたときに、静かに語り出しました。20歳代の時のことで、お父様の死に関わることでした。こと細かに説明しだしたのですが、そうしなければ説明しきれないというより、そうしなければ怒りを出し切れないという感じを受けました。車の事故として処理されたのであるが、実はその車を運転していた人の酒飲みによったことでした。当時はまだこの辺はそれほど厳しく問われることのなかったようでした。

この酒飲み運転していた方からの謝罪もなく、その後同じ町で会社を経営していて、今でも生きているという話でした。それで話が終わったのです。恨みを晴らすようでもなく、怒りをぶつけて叫ぶのでもなく、ただ淡々とことの次第を語っていただけです。ただ語り終わって、何とも晴れ晴れとした顔を浮かべていました。もしかしたら長い間心に留めていたことを、初めて吐露《とろ》したのかも知れません。吐き出しても大丈夫と思ったのでしょう。

50年間も自分の心に溜めていたことでした。同じ町のことなので、ことあるごとに思い出すことになったのです。それを神が仕向けたとはとても言えません。それでも今その思いを神にぶつけることができたのです。神は受け止めています。この方の中で神とのパイプが広がったと思います。人生で納得できないこともどこかで神の手のうちにあると、実感されているようでした。

怒りを直接のテーマにした集会でなくても、たとえば、父親のことや人生を振り返ることでも、どこかで納得できなくて、怒りを溜めているのですが、何かの切っ掛けでそんな感情が集会で出てきます。思いが溜まっていてこの時とばかりに出てくるのです。ただ黙って聞いていているだけです。そして時には、自分の怒りが代弁されているような思いになることがあります。本当は自分もそのような経験をし、そのように思っているのですが、出せないでいた思いを誰かが代わって語っていてくれることが分かるのです。

今ここでその誰かというのが、まさにヨナであっていいのではないでしょうか。確かにヨナは大きな宣教という使命の中で、どうにも納得できなくて、神に怒りをぶつけました。そんな大それたことでなくても、どこかで神に怒りを持ってしまいます。ただヨナがどのような理由であったとしても、ともかく神に怒って祈った、そのことが契機になって、自分もどのような理由であっても神に怒りを持っていくことができるのです。ヨナの怒りに触れて、こちらも心動かされて、溜まっていた怒りを神にぶつけてよいのです。

こちらとしては実感していなくても、神がすべてを知っていてくれるというのが、私たちの信仰です。そうであれば、この怒りも神は知っていてくれます。それをも神が仕向けたかどうかということは、難しい問題です。それでも、どれだけ知ることができるのかということに関わらず、この人生が神の手のうちにあることであれば、当然神に関わることです。だからこの怒りも神が知っていてくれると信じて、神に怒りを持って行くことができるのです。まさに神への信頼です。

ヨナがあれほど怒って神に祈っていながら、そしてそんなヨナを神が何とか慰めようとしていながら、ヨナの怒りが収まったのかどうかは、どうでもよいかのように『ヨナ書』が終わっています。多分本当にどうでもよいのでしょう。どうであれ、神のニネベへのミッションは果たされたのです。厳粛な事実です。そのためにヨナが用いられただけです。それでいいのです。それでも神は何とかヨナを慰めようとしています。ただそれだけです。

神がことをなされるときには、時には非情な神としか思えないときがあります。それに巻き込まれて、振り回されて、ただ怒りだけが積もってくるのです。それを神に持って行くことを、それこそ神が仕向けているかのようです。人に、家族に、教会員に、同労者に持って行ったら、怒りの連鎖は悪の連鎖になります。それを断ち切るために、神に怒りを持って行くことを神は待っているのです。

神への怒りは、神との新しい交わりの展開を促してくれます。神とのパイプが広がり、思いがけない恵みが届いてきます。そこには計り知れない神の計画が隠されていて、怒っている本人も知ることのない神の深い取り扱いに巻き込まれるからです。それに振り回されて怒りが出てきたら遠慮なく怒って神に祈ろう。「あなたは当然のように怒るのか」と言われても。

あとがき

この原稿は8年前に書き上げました。二つの動機がありました。一つはその前に出された故遠藤嘉信師の『主のみ顔を避けて――ヨナ書に示された神の「永遠の愛《ヘセド》」』（いのちのことば社、2006年新装再刷）で、不信仰のヨナ、怒るヨナに対する神の深いあわれみの愛がテーマで、「それが、ヨナ書を適切に読み、神の御心を知る唯一の方法」と言われていることに、はたしてそうだろうかと疑問を持ったことから始まりました。

ヨナ書では、ニネベへの神の計画は最終的にはしっかりと果たされています。そのためにヨナは使われただけです。そういうクリスチャン人生もあるのだと納得しました。それでヨナになったつもりで書いてみました。それは楽しい作業でした。原稿を先の書の出版社に持って行ったのですが、やはり受け入れられませんでした。それでもヨナの怒りは当然ではないかという思いは強くなりました。祈りつつ何とか出版できれば願ってきました。

もう一つは動機というより契機になりました。原稿を読んでくれた友人の坂本献一牧師が、以前に出版した私の『闇を住処とする私、やみを隠れ家とする神』（いのちのことば社、2008年）の続きと認めてくれました。自分ではそれほど自覚的ではなかったのですが、怒るヨナの心にすんなりと入ることができたのです。

「個人的な感想を言うと、この『ヨナ書』は『闇』の本において提示された問題について、上沼さんの立場からの答えのような気がします。『闇』において上沼さんはキリスト者の心の中にも依然として闇の部分が存在していること、その闇を直視することによってそこに神との新しい出会いがおこることを提示しました。しかし、同時に『では、どうしたら良いのか？』という問いが起こってくるはずです。もちろん、簡単には答えることはできない、答えてはいけない問いです。その問いに対して、上沼さんはヨナの出来事を通して、そして、そのヨナの出来事にご自分の人生を重ね合わせることによって、見つめよう（答えようというのではなく）としておられるのではないでしょうか。」

それで、ヨナが三日三晩魚の腹の中で過ごしたことは何も記されてないのですが、文字通りの闇の体験をヨナと共にすることができました。坂本牧師はそれを見逃さないで記してくれました。「それにしても、魚の腹の中で過ごすヨナの描写は秀逸だと思います。少なくとも、私はこれほど詳細な描写にお目にかかったことはありません。大切なことは、これまで「闇」にこだわり続けて来た上沼さんだからこそ、この描写が可能になったということです。」

このような動機、契機があって書き上げた原稿を、8年経ってヨベル社の安田正人氏が引き受けてくださり日の目を見ることになりました。軽妙な作業で重苦しいヨナの怒りが表に出てくることになりました。

いろいろな意味で8年の待機は必要だったのです。その間、N・T・ライトの創造から新創造の一大パノラマに魅了され、北大の千葉惠教授のローマ書のテキストの意味論的分析を追随することになりました。ヨナ書もさらにしっかりとその在処を確保してきました。何といっても「主イエスはヨナが大好きだった」からです。坂本牧師は「この言明は『あたり！』」と言ってくれています。またさらに、その坂本牧師も指摘してくれているようにヨナ書は「異邦人とアブラハムの神の問題」、「贖い、身代わりの思想」に関わるからです。

神のニネベへの宣教と、その後のバビロン捕囚の係わりを推測しました。どこにも記されていません。その意味では私なりの解釈です。それでも異邦人を初めから取り組む神の計画に触れることです。創造から新創造の一大パノラマにしっかりと位置づけられるのではないでしょうか。そしてヨナ自身がささげ物として捧げられることは、贖い、身代わりの思想そのものに関わります。イエス自身がヨナを先駆けと見ているからです。それでローマ書3章22節の「イエス・キリストのピスティス（信・信仰）」の理解に関わるのではないでしょうか。そのように見ると、そろそろヨナの不信仰をただすことがヨナ書の目的という固定概念から解放されて良いのではないでしょうか。しかしその考えは、私たちに関してはどうもルターのヨナ書理解から来ているようです。神の義の啓示より、私たちの信仰により義とされることに重きが置かれるルターの信仰義認論からヨナ書を見てきた結果でしょうか。ヨナはそのような信仰義認論の格好な材料なのです。神に怒ることは信仰者のあるべき姿ではないとなるのです。

しかし、N・T・ライトと千葉恵教授による神の側からの信仰義認論の捉え直しは、聖書全体のパノラマ的把握とローマ書3章を中心としてたテキストの意味論的分析により、新しい地平が開かれてきていると言えます。それは第二の宗教改革にも通じるものです。8年前にヨナとの旅は一応終わったのですが、その時よりもっと真剣に「不信仰をただすためというのはもうやめてくれ」とヨナが叫んでいるように思います。聖書理解に関してのきわどい瀬戸際に立たされているかのようです。

何といっても、「怒り」は身近なテーマです。触れたくないのですが私たちの内側にべっとりとくっついています。隠しておきたいのですが、吹き出してきます。そこに神が触れてくることも言えます。そうすることで思いがけない人生が展開します。その歩みをヨナとともにすることで、聖書理解の新しい展開も始まるのかも知れません。本書が少しでもその手がかりになれば幸いです。坂本牧師が記してくださったのように私自身の展開になったからです。

「『神に向かって怒ってもいいはずだ』。その主張の背後には上沼さんご自身がこれまでずっと神に向かって怒ってきた経験が存在しているのだと思います。ヨナの怒りは、ここでも上沼さん自身の怒りと重ね合わされているのです。そして、その怒りを自分自身で受け入れていく中で、ヨナに対する、あるいはイスラエルに対する神の御計画が明らかになっていくように、上沼さんの人生に対する神の御計画が見えていく。その意味では、本書はヨナの怒りと向き合いながら上沼さん自身の信仰告白となっているのだと思います。」

今回ヨベル社の安田正人氏のご考慮により出版に至りました。その前に坂本献一牧師からの温かいコメントで大きな励ましをいただきました。お二人に心より感謝をいたします。最後になりますが、本書で記載を許してくださった方々にも心より感謝いたします。

2019年新春

上沼昌雄

著者略歴

上沼昌雄（うえぬま・まさお）

聖書と神学のミニストリー代表。1945 年、群馬県生まれ。カルフォルニア在住。年に数回来日し、講演活動を行う。北海道大学、聖書神学舎、トリニティ神学校、シカゴ・ルーテル神学校卒業。神学博士。KGK 主事、聖書神学舎教師、牧師を歴任。

主な著書:「ペテロの手紙第 2、ユダの手紙」(『新聖書注解　新約 3』)、『夫たちよ、妻の話を聞こう』、『苦しみを通して神に近づく』、『夫婦で奏でる霊の歌』、『闇を住処とする私、やみを隠れ家とする神』、『父よ、父たちよ』

訳書：ジェームズ・M・ボイス編『聖書の権威と無誤性』、F・A・シェーファー『創世記――人間の歴史の始まり』、N・T・ライト『クリスチャンであるとは――N・T・ライトによるキリスト教入門』

YOBEL 新書 051

怒って神に —— ヨナの怒りに触れて

2019 年 2 月 25 日 初版発行
2019 年 7 月 25 日 再版発行

著　者 —— 上沼昌雄

発行者 —— 安田正人

発行所 —— 株式会社ヨベル　YOBEL, Inc.

〒 113-0033 東京都文京区本郷 4-1-1　菊花ビル 5F
TEL03-3818-4851　FAX03-3818-4858
e-mail：info@yobel.co.jp

印刷 —— 中央精版印刷株式会社

配給元—日本キリスト教書販売株式会社（日キ販）
〒 162 - 0814　東京都新宿区新小川町 9 -1
振替 00130-3-60976　Tel 03-3260-5670

ISBN978-4-907486-88-4 C0216

聖書 新改訳 2017© 新日本聖書刊行会、聖書 聖書協会共同訳（日本聖書協会）に準拠

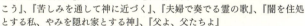

第一期　渡辺善太著作選　全14冊（予定）

ヨベル新書・予256頁〜予360頁・本体1800円＋税

❶　偽善者を出す処 ―― 偽善者は教会の必然的現象 ――

304頁　ISBN978-4-946565-75-5 C0016

❷　現実教会の福音的認識

316頁　ISBN978-4-946565-76-2 C0016

❸　聖書論 ―― 聖書正典論　1/ I

288頁　ISBN978-4-946565-77-9 C0016

❹　聖書論 ―― 聖書正典論　2/ I

256頁　ISBN978-4-946565-78-6 C0016

⑤　聖書論 ―― 聖書解釈論　1/ II

予240頁 **〈第9回配本予定〉**

⑥　聖書論 ―― 聖書解釈論　2/ II

予240頁 **〈第10回配本予定〉**

⑦　聖書論 ―― 聖書解釈論　3/ II

予240頁 **〈第11回配本予定〉**

⑧　聖書論 ―― 聖書神学論　1/ III

予220頁 **〈第12回配本予定〉**

⑨　聖書論 ―― 聖書神学論　2/ III

予220頁 **〈第13回配本予定〉**

⑩　聖書論 ―― 聖書学体系論　一試論、ほか

予220頁 **〈第14回配本予定〉**

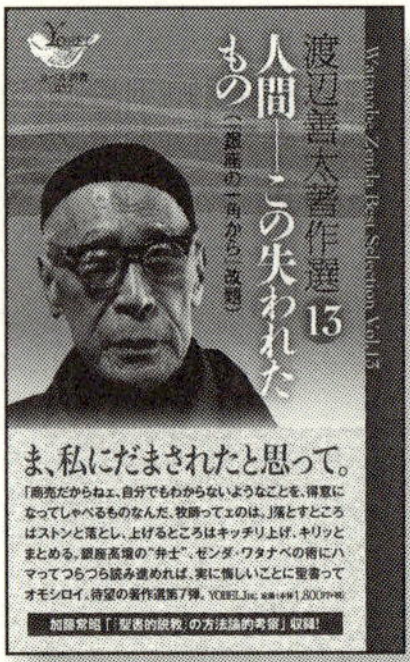

⓫　聖書的説教とは？

320頁　ISBN978-4-946565-80-9 C0016

⓬　説教集　わかって、わからないキリスト教

308頁　ISBN978-4-946565-79-3 C0016

⓭　説教集　人間――この失われたもの

360頁＊「銀座の一角から」を改題

⓮　新約聖霊論 **〈第8回配本〉**

予200頁